玄空紀異錄

紫微楊 著

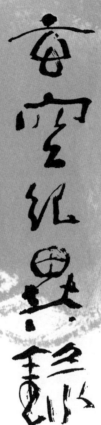

天地
www.cosmosbooks.com.hk

書　　名　玄空紀異錄
作　　者　紫微楊
責任編輯　郭坤輝
美術編輯　楊曉林
出　　版　天地圖書有限公司
香港皇后大道東109-115號
智群商業中心15字樓（總寫字樓）
電話：2528 3671 傳真：2865 2609
香港灣仔莊士敦道30號地庫／1樓（門市部）
電話：2865 0708 傳真：2861 1541
印　　刷　美雅印刷製本有限公司
香港九龍觀塘榮業街6號海濱工業大廈4字樓A室
電話：2342 0109　傳真：2790 3614
發　　行　香港聯合書刊物流有限公司
香港新界大埔汀麗路36號中華商務印刷大廈3字樓
電話：2150 2100 傳真：2407 3062
出版日期　2020年3月／初版・香港

ISBN：978-988-8548-50-7

心古不投塵世好
道高方信布衣尊

紫微楊近照，其身旁之對聯為已故國學大師饒宗頤教授所書贈紫微楊者。

作者簡介

楊君澤先生，人稱「紫微楊」，精通多門中國術數，對「紫微斗數」及風水學均別具心得，「紫微楊」之名早已不脛而走。在香港喜研術數者，幾乎無人不識。

楊君本身為一名報人，曾任本港多間報社編輯（包括《明報》編輯主任），以研究術數為業餘興趣。他退休經已三十年，年近九十耄耋之年，仍閉門沉醉於研究術數為樂事。

紫微楊共有九部著作，其早期的八本已合而成為「紫微楊·術數系列」，極為暢銷。現再在晚年重新修訂他的九本著作，將合而成為新的「紫微楊·術數系列」，由天地圖書重新出版，堪稱難得之作。

自序：風雲禍福

「天有不測風雲，人有霎時禍福。」這句說話，我們經常都有機會聽到。風雲變幻，是否一定無法預測？當今科學發達時代，在不少新儀器的協助之下，對氣象的預測，準繩度每每奇高。

至於人的禍福，是否真如古人所見、所說那樣，如風雲之莫測呢？當然，習術數的人，認為一切禍福，都有根源可尋。古代如是，今日仍如是！他們所用的術數，就好像是今天用來探測氣象的工具，擅於掌握者，對人的禍福，每能瞭如指掌。

對於天氣之變好變壞，儘管以人的智慧已經可以事前探測到，但到今天仍無法把壞的天氣改為好的天氣。如有些地區在旱季時，有人想盡不少方法來求雨，但效果一直都不大，更遑論把壞的天氣改為好的天氣。至於將來的科學進展，是否可以把沙漠變成綠洲，那就要看將來人的智慧進展到甚麼程度了。

對於人的禍福，古之習術數者，也像對付天氣那樣，一方面盡力求取探測的方法，一方面更希望找到一個方法，可以轉禍為福，趨吉避凶，達到研習術數的最高境界。

以前的人常説，一個人一生命運的好壞，既關乎命運，也關乎風水，亦與積陰德及讀書有關。所以，他們按着排列次序説成是「一命、二運、三風水、四積陰德、五讀書」。

同樣的，古時有人更直接了當的説那是因為「一墳、二命」所致。

所謂「一墳、二命」，那是説要先有好的祖先墓穴風水，然後才可以出現有好命運的後人。他們把墳的風水説成是「因」，後代子孫是否飛黃騰達是「果」。

能有好的「果」固然最好，萬一出現不甚佳之「果」時，又有何補救之法呢?前人就想到使用後天風水的方法。而過去，不少精於此道者，就有過一些極為成功的個案，使人訝異!

《玄空紀異錄》就是要紀錄和分析其中一些頗為奇怪的個案。

此書初版至今已接近三十年，經修訂現由天地圖書公司重新再版，自當感謝天地圖書出版部編審人員一番的努力，使此書得以重新與讀者見面。

紫微楊謹識

己亥仲夏吉日

目錄

自序 …… 5

第一章：一墳二命

雨中奇遇 …… 14
三年為期 …… 18
計劃遷葬 …… 23
得離鄉穴 …… 25
夜遇貴人 …… 30
偷天換日 …… 36
玉扣護身 …… 39

相貌在變……47
重大缺點……53
心慈之果……59
積德為先……64

第二章：初虛後實

獨子興家……70
斗數徵驗……72
再孕之謎……74
求助風水……76
解拆方法……80
小人道長……82
不祥之兆……85

事有蹊蹺 …… 88
疑團破解 …… 93
八逢九紫？ …… 95
安牀作灶 …… 97

第三章：分而復合

眼紋啓示 …… 102
初算神數 …… 105
切合籤文 …… 108
配妻忌鼠 …… 112
巧遇佳人 …… 115
女用男名 …… 118
刺探生肖 …… 122

放心追求……128
名字有變……130
求去心刺……133
意外跌傷……138
哭笑不得……142
庸手算命……146
暗有夫？……151
鬼物作祟？……157
辦理分居……165
求助玄空……168
高人相助……173
有似復合……179

第四章：剋妻之象

擇日結婚 184
節外生枝 191
多一難題 198
誤購凶屋 203
慘遭劫色 209
晴天霹靂 214
提議同居 217
扶乩問事 222
補辦註冊 225
患上絕症 229
父親辭世 235
愛妻去世 240
恍然大悟 245

第一章

一壙二命

雨中奇遇

現在先說一個「一墳、二命」的風水奇情故事。

話說在民國初年期間一個炎夏的中午，在廣東某村山上的一個小茶亭，裏面坐有兩人。一個年紀看來約有七十餘歲，身穿白綢唐衫褲，手執一把紙扇在輕輕搖動，雖然鬚髮皆白，但精神矍鑠，遠看去已覺他有一股道家的氣息。另一位年紀較輕，但看來也有五十餘歲了，臉色紅潤，身穿一套淺灰色的唐裝衫褲，手中同時亦持有一把白色的摺扇，且不時掏出手絹來抹額角的汗。

這兩人從他們的衣着和外表看來，已知他們不是普通的鄉民。原來前者那位白髮老翁，是一位十分傑出的術數名家，尤精於風水之學，他姓沈，單名一個「奇」字，故鄉人多稱之為「奇伯」。而另一位較年輕的，同是醉心術數之人，只是較多在掌相學上鑽研，常自稱得自麻衣真傳，由於他姓易，住在不遠的一個山谷的小屋中，自號為「易谷子」，名字使人看來覺得多少有「鬼谷子」的影子。

那天他們兩人同時在茶亭上相遇，說來也十分湊巧。原來那天上午，奇伯曾到一個山頭視察風水，回程時就在茶亭上歇歇腳和乘涼。而易谷子則到不遠的一個山莊處與人論相，回程時也是路過茶亭，便亦走進去歇歇腳。

他們兩人原是相識的，湊巧地在茶亭遇上，寒暄幾句之後，易谷子照例大讚奇伯精神好，七十餘歲仍然健步如飛，手杖亦不用，實在難得，並笑問是否因家居風水好而致。

奇伯則反過來讚易谷子氣色好，說甚麼紅光滿面必有奇遇，是否近來學懂了一些甚麼修持之法等。兩人盡在說一些客套說話，卻又在有意無意間想打聽對方近日的動靜。

正說話間，天上忽然烏雲密佈，不一刻，一場「白撞雨」就傾盆而下，奇伯正笑說天有不測風雲，突然間遠處有一個人跌跌撞撞的直向茶亭衝來，將到茶亭時來勢奇猛，直向易谷子身上衝去。

易谷子正欲閃身避開，但已來不及了。那人滿身為雨水濕透，衝到亭中，已無法收步，直撲到易谷子身上，沾濕了易谷子的衣服，然後跌倒在地上喘氣。

易谷子本來已是一個脾氣暴躁的人，一下子被人魯莽地從雨中衝來，弄濕了一身衣服，正要發作，抽起那個滿身濕透坐在地上喘氣的人，定睛一看，這時才發覺自己捉着的只是一名小童，年約十二、三歲。易谷子也不理奇伯在旁，執着小童就想打他耳光，小童拚力掙扎。

兩人在爭持間，奇伯說話了，他以長者的姿態對易谷子說：「小童遇到突然而來的雷雨，飛奔到亭中來躲避，正說明了人的天性，遇到突然的事故時，每多有一種不顧一切找尋庇蔭地方的本能。你又何必太責怪他呢，放他一馬吧。」

易谷子聽奇伯這麼說，雖然已經肝火上升，但看那孩子實在年輕，奇伯說得亦十分有道理，便縮回要打孩子的手，卻順勢一推，把那孩子推倒在地上。

那孩子跌倒在地上，一隻手在撫着屁股，眼睛望着奇伯，似有感激奇伯出言相救之意。

奇伯到底是一個心腸好的老人家，他坐在石凳上躬身的問那小孩子有沒有跌傷，然後再問他叫甚麼名字、是哪裏人、為甚麼會雨中在曠野飛奔等。那小孩見奇伯好意相問，便怯怯的對奇伯說，他姓馬，名字叫有道，住在本村不遠的一個小山谷中，村人都叫他馬仔而不名。

奇伯接着再問馬仔是否仍然讀書，這一問目的在想了解一下他的家庭背景。

不料馬仔說他早已輟學了，理由是自小家貧，父親在他出生不久就已去世，他是由母親撫養成人，現在替人看牛幫補家計。接着他指着不遠處的一個小山崗，他說剛才在那裏放牛，突然遇到傾盆大雨，便急忙把牛拉到樹旁，自己飛奔來這裏避雨，以致不小心撞向那位叔叔和弄濕他的衣服。易谷子怒氣漸過，一邊聽馬仔說話，一邊暗中在替馬仔看相，他似乎看出一點東西了。

易谷子端詳了馬仔一會，然後以頗為不屑的語氣說：「額角巉巉先喪父，一點不錯。除此之外，尚屬三尖六削，一無可取；先喪父只是逆運之開端，正是一生貧賤之相，誰家得此形相之兒，也不知他們祖上做過些甚麼缺德之事，致有此報。」

易谷子這番說話，顯然多少帶着幾分報復的心態和怒氣，也不理這些說話會如何傷害馬仔的自尊心。但奇伯聽在耳裏，便覺得易谷子實在太過分。奇伯雖然精通的是玄空（風水）學，但對其他術數同樣有研究，除了掌相之外，更兼及如六壬數等。他本來是坐在石凳上的，這時站了起來，在掐指計算，也不知他在算甚麼。不一刻，奇伯對易谷子說：「你剛才對馬仔的說法，毋乃過於武斷，我看他下半生的情況，不單只不如你說的那麼悽慘，而且，相反的會飛黃騰達呢。」

易谷子聽奇伯這樣說，也不待奇伯說完，便馬上指着馬仔對奇伯大聲的說：「以他這樣的相格，會飛黃騰達？我跟你賭甚麼都敢。」

奇伯見易谷子滿臉火紅，氣呼呼的，正是十分不服氣的表現，便更好整以暇地走到馬仔身旁，一把拉起他，讓他坐在石凳上，然後以訓導後輩的語氣對他說：「你聽着同時緊記着：

有心無相，相由心生；有相無心，相由心滅。」馬仔因為讀書少，自然聽不明白奇伯所說。

奇伯見馬仔一臉疑惑之色，也知他不明白剛才那幾句說話的意思，便藉着解釋給馬仔聽時，也好煞一下易谷子的氣燄。

奇伯對馬仔說：「我剛才的說話，意思是說一個人如果相格生得不好，但心術好，那麼不好的相格也會變為好的相格；相反的，本來相格生得不錯，但若專做一些損德害人之事，那麼縱有好的相格，日後也會變質而難享其果，是為『相由心滅』也。」

易谷子是研究掌相的，當然聽過這兩句說話，但他就是不服氣，便對奇伯說：「我真想看他如何『相由心生』。」接着易谷子提出一個頗奇怪的建議。

三年為期

易谷子對奇伯說：「相由心生，談何容易，好像馬仔的相，三尖六削，我看他儘管天天行善積德也不管用。你說他會飛黃騰達，我就甚麼都敢和你賭。我建議試以三年為期，看你如何改變他的相格。」

奇伯聽易谷子這麼說，顯然是想難倒自己，便也懶得和他爭辯，只是輕描淡寫的說：「那麼我們賭甚麼呢？」

易谷子反應迅速的說：「我說過賭甚麼都可以，你說吧。」

奇伯想了一會，似很有把握的說：「這樣吧，三年內馬仔如改變了相格，你先寫個『服』字給我；日後馬仔如果飛黃騰達，你便要從此退出江湖，不許再為人論相。相反如果我做不到，馬仔三年後相格無變，那麼便是由我寫個『服』字給你；日後馬仔生活潦倒的話，我便從此銷聲匿迹江湖，絕口不再談術數風水。」

這個打賭，頗似以前武林中人立下「生死狀」似的，要輸的一方絕迹江湖。

易谷子闖蕩江湖多年，不少奇怪的個案都見過，以三年為期改變馬仔這樣的相格，他認為絕無可能。所以，他肯定這個打賭自己是必勝的，便欣然的對奇伯說：「好吧，一言為定，且看將來誰退出江湖吧。」

奇伯見易谷子接受了打賭。為安全起見，便又對易谷子說：「我們這次打賭，大家要堅守君子行為，三年內我替馬仔做任何事，你不許從中作梗或破壞，你且立個誓，如有作梗或破壞，必遭天譴。」

易谷子無奈，為了表示自己是君子，必定不會暗中做些破壞工作，便也依言向天起誓。只是心中納悶，不知奇伯會出些甚麼招數，竟然那麼怕自己破壞，要自己立下毒誓。

奇伯見易谷子立了誓，便拉馬仔到一旁，這時雨勢已歇，遠處山腳出現了一道彩虹。奇伯再仔細端詳了馬仔好一會，然後撫鬚微笑，似乎對自己下一步的計劃已經胸有成竹。

奇伯問馬仔道：「你說父親早逝，他葬在甚麼地方，你可以帶我去看一看嗎？」

馬仔雖然年紀小，在聽到奇伯與易谷子打賭時，也知道奇伯是處處護住自己的。現在奇伯問到父親葬在甚麼地方，肯定不會有任何惡意，便也恭恭敬敬地回答奇伯，說父親的墳就在另一個山頭的山腰下，並說如果奇伯要去看的話，他隨時可以帶他去看。

這時已經雨過天青，由於時在炎夏，陽光再出現時氣溫又漸漸升高，正是酷暑天氣也。

馬仔這時身上的衣服仍然是濕的，奇伯看在眼裏，怕馬仔在忽冷忽熱的情況下染病，便對馬仔說：「你先把牛牽回去，換過乾的衣服，免致着涼。」

奇伯一邊撫弄着馬仔的濕頭髮，一邊想馬仔也實在可憐，正是「少年失怙，母子相依為憑」，他在想到鐵板神數中的一條條文也。

奇伯接着對馬仔說：「你回去對母親和僱主說明天有事不去放牛，早上六時到這裏等我，趁早上天氣沒有那麼熱，帶我去看一下你父親的墳。」

馬仔點頭答應，奇伯這時才回過頭來對站在一旁的易谷子說：「我對這次打賭是認真的，既然期以三年，那麼我們現在就約定，三年後今天我們再在這茶亭會面，到時且看馬仔的相格是否有變。」

到了這個田地，易谷子也只有唯唯諾諾了。

易谷子眼看着奇伯與馬仔分別下山而去，自己也獨自下山回家。但不知怎的，心裏老是忐忑不安。

翌日大清早，馬仔便依約到茶亭去等奇伯，天亮不久，果然見奇伯從遠處一步一步的走來，依然是身穿白綢唐裝衫褲，手持紙扇，肩上卻多了一個布袋，一看便知他是帶備了看風水的工具。

而奇怪的是在奇伯身後不遠的地方，在曙光中看來如有一團黑影，亦步亦趨的跟着奇伯上山而來。

原來追隨着奇伯上山的，是一名穿着灰黑色唐裝衫褲的少年，年紀看來約二十餘歲，膚色黝黑，身形健碩。來到茶亭後奇伯便給馬仔介紹，說那少年是他徒弟，名字叫李華，要馬仔叫他做華哥，並說以後會有很多事情要李華協助打點的。

奇伯接着便要馬仔帶路，去看他父親的墳墓，三人在山路上走了約半小時，過了山坳，馬仔便指着不遠處的一個山墩對奇伯說，他父親的墳墓就在那兒。

再走了近半小時，三人已來到馬仔父親的墳前。原來附近有頗多墓穴，不信風水或沒有能力聘請風水先生的鄉人，很多為了方便就把先人葬在那裏。

奇伯站在馬仔父親的墳前，縱目遠眺了一刻，便從布袋中取出羅盤，細意測量一番。民國初年時值三運，馬仔父親的墓是甲山庚向，墓的所在地為一大圓墩，依墩立穴，右手方為一高山，山勢斜飛，左邊山勢較低，山勢斷續環走至向前成一低案。

奇伯一邊在掐指計算，一邊在搖頭苦笑。

不一刻，奇伯示意華仔走到他面前，然後說：「此處砂形破碎，巒頭已經不吉，再加上三運甲山庚向，是為『上山下水』之局，星辰顛倒，巒頭理氣無一可取。由於峰巒不佳，縱使改為卯山酉向取得『到山到向』，亦難有大作為，正是《玄機賦》所云：『逢恩不發，只緣恩落仇家』也！」

奇伯這一番說話，馬仔完全聽不懂，只是從奇伯的表情揣測他是說自己父親的墓穴風水不佳，同時也明白奇伯是在傳授風水知識予徒弟華仔。而華仔卻不斷點頭稱是，可見華仔是聽得明白師傅的說話。

馬仔這時站在一旁細想，近年自己與母親生活困苦，難道真的與父親墓穴風水不吉有關？

奇伯指着前面的山勢，又再教導華仔一番後，再掐指計算。不一刻，奇伯陷入沉思之中，華仔明白師傅是在苦思解拆之法。

計劃遷葬

奇伯知道要改善馬仔父親墓穴風水，只有出於遷葬一途，心中便在構思，如何可以說服馬仔的母親，讓他們起出其夫的骨殖，遷葬到別處風水佳地，好讓馬仔扭轉今後的逆運。

奇伯不但精於術數，而且是一個十分世故的人，對於馬仔父親墓穴遷葬之事和今後安排馬仔的出處，他有了極詳盡的計劃。

他問清楚馬仔與母親住在甚麼地方，並說明晨他會與徒弟華仔一同登門造訪，要馬仔陪母親在家裏等他到來。一切交代清楚後，三人在晨曦中漫步下山而去。

翌晨，奇伯與華仔依址去找馬仔，到了一間破漏的茅屋門前，還未敲門，已見馬仔扶着一位中年婦人出來，年約四十餘歲，面目娟好，只是氣色枯滯，頗有營養不良的樣子，奇伯一看便猜出這婦人必定是馬仔的母親。

奇伯自我介紹後，馬仔的母親馬上知道他是當時得令的風水大師。因為「沈奇」的名字，在附近各村是大大有名的，而由於奇伯喜歡雲遊各地，一般人不易找到他和請他看風水而已。

現在奇伯親自登門造訪，馬仔的母親自然十分高興，欣然的延奇伯與他的徒弟華仔入屋。各人坐定後，也不待馬仔奉茶，奇伯便道明來意，而且說出了心中的計劃。奇伯首先說要遷葬馬仔的父親，因為其墓穴風水不佳，丁財兩退之局，宜早日遷葬，希望馬仔的母親同意，並說出日前在本村不遠處，找到一個風水吉地，本來準備留來自己百年歸老之用，但現因要與易谷子打賭和挽救馬仔的運氣，故準備讓予馬仔的父親安葬，並說一切費用不必馬仔的母親操心，自己會打點妥當。

馬仔的母親自丈夫去世後，生活一直十分困苦。一般寡婦的期望不外是兒子早日長大成人，闖出一番事業，好讓自己下半生有所寄託，馬仔的母親也不例外，現在聽說若把丈夫的骨殖遷葬，可改善風水，也可幫助兒子日後飛黃騰達，哪有不答應之理？加上奇伯名氣大，使她更有信心。接着奇伯說出下一步的計劃，使馬仔的母親更為感激。

得離鄉穴

原來當日奇伯在山上苦思良久，就是在計劃遷葬的各項步驟，並非計算如何改善該處風水，因為他早已認定該處是改無可改的。

他對馬仔的母親說出整件事的過程，然後說出當日在茶亭裏，他為了與易谷子打賭，曾暗中起了一課六壬課，知道馬仔日後如果要飛黃騰達，必須離鄉別井。而奇怪在自己日前找到的那塊風水吉地，也是特別發離鄉別井的子孫。

但他又知道馬仔與母親兩人相依為命，馬仔如果離鄉出外，那又由誰來照顧他的母親呢？

奇伯果然想得周詳，在馬仔的母親答允其丈夫遷葬之事後，他就要馬仔與其徒弟華仔結為義兄弟，就是準備日後讓馬仔離鄉尋求發展之時，由華仔代馬仔去照顧他的母親。至於馬仔母親生活費用方面，奇伯亦準備由自己負擔，正是把一切責任都放在自己肩上。

奇伯深知這次打賭是許勝不許敗，否則自己江湖地位便從此完結，所以為了遷葬之事，特別小心謹慎從事。他擇好良辰吉日，先到選好的新山地上拉線開穴，發現穴內有極美之太極暈，他心中有一份莫名的喜悅，知道自己的計算和選擇沒有錯誤，亦十分有信心選定黃道吉日把馬仔父親的骨殖遷葬後，計劃的事可以一步步地實現。

從奇伯計劃整件事的過程，我們可以知道若非精通多門術數如奇伯者，實難辦到，而最難得者，他對六壬數的三傳四課十分有心得，便如虎添翼。

在馬仔的父親骨殖遷葬後，奇伯就要進行第二步的計劃。

一天晚上，奇伯帶同徒弟華仔到馬仔家裏，與馬仔的母親商談讓馬仔離鄉出外發展的事。奇伯對馬仔的母親說，早上自己曾占過一課，知道馬仔最適宜往南方走，憑自己的觸機和靈感推斷，認為馬仔最好到香港去找機會。奇伯可說是江湖上的奇人，他更從六壬數的三傳四課啟示中，教馬仔到香港後的一些奇怪行徑。

在民國初年的時候，中國人來往港澳，是可以完全自由出入的，不需要有任何證件。那時候香港仍未設「身份證」這個制度。所以，香港的華人與國內人的身份可說完全一樣。

奇伯早年亦到過香港，對香港情況亦略知一二，他給了盤纏予馬仔後，就對馬仔說：「你這麼年輕，要你一個人獨自到香港去闖機會，實在有點難為你。不過你不必怕，你只要記着我的說話就行了。你此行應是先到廣州再乘船去香港，登岸的地方應該是香港的西區，上岸後你就看看附近的店舖，門前掛有大紅燈籠的，你就蹲在他們的門前等機會，到入夜時分，你不必害怕，自然有人來照顧你。」

馬仔的母親聽奇伯這麼說，覺得他簡直許多事都未卜先知似的。對於兒子這麼年輕便讓他離開自己身邊，當然有點不捨得，不過她相信奇伯，也相信兒子到香港去會較留在鄉間有前途，不捨得也沒辦法了。

而且奇伯更吩咐了徒弟華仔，在馬仔去香港之後，要多去看馬仔的母親。至於她的生活費用，奇伯先給了她三百大洋（在那個時候三百大洋已是一個不少的數目）。奇伯怕馬仔的母親不肯收下，就說這筆錢是借給馬仔的，待馬仔發達後才歸還也不遲，並說他十分肯定馬仔有飛黃騰達的一天。

奇伯其實是極力使馬仔的母親有信心，相信馬仔此行，日後必定可以衣錦還鄉，光宗耀祖。而奇伯又在馬仔啓程前的幾天，再教馬仔許多處世道理。如目前許多刊在曆書《通勝》

上的《營謀小集》，那時候許多人便奉為教導年輕人的圭臬，文字雖然粗糙，無甚文采可言，但所說的道理卻是對的。而奇伯用來教導馬仔的，也就是此類東西。

除此之外，他又再三叮囑馬仔，茶亭三年之約一定要記得，到時不管情況如何，都要回來與大家見面。

奇伯最後給了馬仔一件神秘的東西。

奇伯從衣袋裏掏出一個小絹盒，塞到馬仔的手裏，然後對馬仔說，絹盒裏面盛着的是一塊玉扣，給他保平安用的。

馬仔打開絹盒來看，見裏面盛着一塊墨綠色扁平的玉扣，也不知如何使用。奇伯知道馬仔心意，便對馬仔說：「這是漢玉，是古人用來套在劍鞘上的，亦曾經陪葬，是十分辟邪的東西。它有一股莫名的力量可以替你化解災厄，你可以把它套在褲子的皮帶上，作為護身符。萬一有一天它不幸碎裂了，那就是說已替你擋了一次極大的災殃。」

馬仔把玩着那塊玉扣，覺得它滑溜溜的，心中有一股很濃厚的神秘感。

奇伯接着又對馬仔說：「我替你占過一課，知你既利南方，利紅色，亦利九字。以後遇到有甚麼難題時，不妨以此為指引。」

最後奇伯又再重複的要馬仔記着「相由心生」的說法，反覆地唸着：「有心無相，相由心生；有相無心，相由心滅。」要馬仔緊記。

奇伯可說無微不至，一切交代妥當後才離去。

到了馬仔啓程的那天，奇伯與華仔都來送行，臨別依依，奇伯一再叮囑馬仔到香港後要記着自己的說話行事。

那時候交通並不如今日發達，馬仔從鄉下到廣州市再乘船往香港，又花去了多天的時間，不在話下。

馬仔到達香港時，果如奇伯所算，是在香港的西營盤登岸，時近黃昏，馬仔上岸後可能舟車勞頓的關係，感覺特別肚餓，便想到先找個食店吃點東西再算。這時候馬仔才發覺初到一個陌生地方的悲哀，既不認識街道，亦不知到哪裏去找食店，頓有前路茫茫之感。他漫無目的地在街上溜躂，終於給他發現了一間麵包店，買了一個麵包充飢，在街道上邊走邊吃。

突然間他走到一條街道，見有多間店舖門前都掛有大紅燈籠，眼前一亮，使他既喜復憂！

馬仔記憶起奇伯曾教他，到香港後只要找到門前掛有大紅燈籠的店舖，就可以蹲在門前等機會。但現在顯現在眼前的，就有多間店舖門前都掛有大紅燈籠，那麼應蹲在哪一間門前等機會才對呢？

馬仔正在感到徬徨之時，忽然想起了奇伯說他利「九」字。這小孩子也確實有點小聰明，就此決定看看掛有大紅燈籠的店舖，有哪間門牌是九號的，就蹲在那兒等機會算了。

老香港的讀者至此都會知道，馬仔所走的街道，應該是南北行附近的地方，早期香港的參茸行，許多門前都喜掛起一對大紅燈籠的。

果然不負馬仔所望，給他找到一間門牌九號，門前掛有一對大紅燈籠的店舖。

時已入夜，那店舖已關了門，馬仔就蹲在門前，照奇伯的吩咐，在等待機會。

馬仔舉頭望一下店舖的招牌，從幽暗的街燈下，知道那是一間參茸店。

馬仔蹲在那店舖門前，可能較早前舟車勞頓，不一刻便感到十分疲倦，一下子身子靠到牆邊，就呼呼的睡着了。

夜遇貴人

也不知睡了多少時間，馬仔好夢正酣時，感覺有人在推搖自己，一下子醒過來，發現有一個胖嘟嘟的中年人，站在自己面前，眉粗眼大，方面大耳，穿着一套灰色的唐裝衫褲，馬仔知道是他推醒自己的。

那胖子仔細的端詳馬仔一會後，便問馬仔為甚麼會睡在這裏。

馬仔見那胖子態度溫和，並無惡意，便說出自己是剛從鄉間來港，在香港舉目無親，隨便地四處流浪，來到此店舖門前感到疲倦了，本來蹲下想休息一會，不料卻睡着了。

馬仔說的都是實話，只是沒有說出奇伯教他選擇掛有紅燈籠的店舖而已。

那胖子倒也好心，問馬仔吃過晚飯沒有？馬仔答說只在上岸後吃過一個麵包。那胖子聽馬仔這麼說，馬上打開店舖的一道小門，拉着馬仔的手，直向店內走去。

那胖子帶着馬仔走到店後的廚房去，拉過一張矮凳，示意馬仔坐下，然後拿着一個大湯碗，走到飯鍋前盛了一大碗飯，接着再在廚櫃裏拿出一樽腐乳，以匙羹取出一塊放到飯上，送到馬仔面前，然後對馬仔說：「你應該肚餓了，飯雖然冷了一點，但吃了再說吧。」

馬仔實在亦感到肚餓，便也顧不了許多，到底年輕，不一刻便吃光了一大碗飯。

那胖子到這時候才自我介紹說：「我叫陳志，這裏的人都叫我『志叔』，是這間參茸店的廚子，日間要買餸煮飯，負責預備店裏十多人的膳食。」胖子說到這裏頓一頓，見馬仔手捧着一個空碗，便順手把它接過來，放到洗碗盆上，然後又再對馬仔說：「你不要以為這份工作清閒容易，我一個人做有時實在是十分忙的，買餸煮飯洗碗、清理廚房，有時還要煮宵夜，正是一腳踢，工夫倒是不少的。不過老闆人好，逢年逢節都有賞賜，在人浮於事的年代，也算不錯了。」

在民國初年時代的香港，胖子所說的一點也沒有錯，確是人浮於事。普通人要找份工作，並不如今日之容易。那時候有些工作甚至是「有食無工」的，所謂「有食無工」是老闆只負責供應膳食，工錢則是沒有的。胖子隨着拉過一張凳子，坐在馬仔面前，再對馬仔說：「你說你在香港舉目無親，那麼今後有甚麼打算？有甚麼人要找的嗎？」馬仔只是搖頭，說自己並無任何打算，也沒有甚麼人要找。

胖子與馬仔倒真也有緣，在茫茫人海中相遇。而胖子亦覺得馬仔精靈乖巧，在聽到馬仔說並無任何打算，而在香港又舉目無親，不期然起了一份憐憫之心，便對馬仔說：「這樣吧，你既然沒有地方可去，今後就暫時住在廚房裏，日間就幫我做些清潔工作和打掃地方，不要隨處亂跑。萬一遇到有人問你是誰，你就說是我的侄兒，剛從鄉間來港，暫時寄住在我這裏。」暫時安身有地，馬仔自然忙不迭答應，但腦海中，倏然的出現了奇伯的影子。

馬仔感覺到奇伯確是奇人，他來港後的一切動向，事前都已未卜先知似的。

此後，馬仔夜間就睡在廚房裏，蓆地而卧。白天就協助胖子志叔做些清潔和零碎的工作，兩餐一宿暫時是解決了。只是胖子志叔吩咐馬仔不要亂跑。舊日的店舖，廚房與店面距離是頗遠的，中間且有天井隔開，馬仔每天都是只留在廚房裏，店外面情形怎樣馬仔是一無所知的，而普通店員一般亦極少走到廚房去。

轉眼過了差不多一個月，一天上午，志叔到街市去買餸，留下馬仔一個人在廚房裏。過去月來的習慣，是每天志叔外出時，志叔會吩咐馬仔清潔一下廚房裏的東西和打掃地方等，這天也不例外。這天也合該有事，馬仔在拭抹廚櫃時，一個不小心碰跌了一個大湯碗，跌在地上砰的一聲，裂成碎片。

馬仔正在不知所措，也怕驚動了別人，急忙的拿掃帚過來收拾碎片。就在這個時候，一個穿着白綢唐裝的中年男子走進來，樣子敦厚斯文，一看便使人覺得是個誠實商人，他是循聲進來一看究竟的，見到馬仔在廚房收拾湯碗的碎片。他也感到愕然，因為他既不認識馬仔，亦料想不到廚房裏會有陌生人出現的。但見馬仔只有十來歲，看來不像是賊人，但他為甚麼在廚房出現，必要問出原因。當下他便老實不客氣的直截問馬仔是甚麼人、為甚麼會在廚房裏等。馬仔見來者穿着斯文，樣貌敦厚，心中已猜到幾分他可能是本店的老闆。

馬仔雖然年紀甚輕，但還算夠鎮定。他想起志叔教他的應對，當下便對那人說：「我是志叔的侄兒，剛從鄉間來港，獲得志叔的照顧……」他還未說完，志叔已在這時候回來了，見情況馬上放下菜籃，走到他們兩人中間，以長輩的姿態撫着馬仔的頭髮對馬仔說：「這是我們的老闆何先生，快叫何老闆吧。」

馬仔果也精乖，馬上躬一下身子叫了一聲「何老闆」。

何老闆這時望着馬仔，心中起了一個念頭。

何老闆到底是生意人，腦筋轉得快，他知道馬仔獲得志叔安頓在自己廚房裏，吃的自然和店裏的其他夥計一樣，那自己店裏的伙食開支，也不就等如多了一人。

但志叔有個侄兒從鄉間來港，予以暫時照顧，亦無可厚非，自己總不成把他趕走。

因此，何老闆就想到，何不索性以廉價工資僱用這個孩子為「後生」，那麼廚房裏也多一個人幫手作清潔打掃等工作，而且這個孩子看來亦頗精乖，得人歡喜。心意既定，何老闆便對志叔說：「這樣吧，你的侄兒既然從鄉間到這裏來投靠你，相信他不外是想在香港找份工作。他年紀輕，那不如就在我們店裏從低層做起吧，店裏多個人幫手做清潔和打掃的工作也是好的。」志叔聽何老闆這麼說，忙不迭的對馬仔說：「還不快點多謝何老闆。」

馬仔果也精乖，便連連躬身的說：「多謝何老闆。」此後馬仔就光明正大地在店裏工作，幹些雜務和清潔工作，有時也做跑腿送信等，再不用偷偷摸摸的躲在廚房了。

由於馬仔來港前已獲奇伯教他許多處世道理，亦緊記着《營謀小集》中許多說話，加上本身做事肯賣力和乖巧，頗得店中各人好感。

時光荏苒，轉眼馬仔在何老闆的參茸店已經工作了一年多，對店裏許多事物都漸熟悉。而馬仔由於在發育年齡，經過一年多後也長高了許多，體形已顯著產生了變化。

馬仔也算孝順，心中常惦記着鄉間的母親，也常有寫信回鄉。偶然也會收到義兄華仔寄來的信，知道母親在鄉間生活，得到奇伯和華仔的照顧，也算過得不錯，比以前肯定有所改善了。

而馬仔的母親由於是文盲，所以想要對馬仔說甚麼，也只有靠華仔寫信，而華仔亦確是奇伯的好徒弟，一切聽從奇伯所說，有空就跑去看望馬仔的母親。

在冬天快將過年的時候，何老闆突然召馬仔到經理室，告訴一個使他感到震驚和難過了很久的消息。

偷天換日

何老闆對馬仔說：「你鄉間可能由於窮和謀生不易，每年都有不少人間關來港謀生，今年也不例外，只是最近卻發生了慘劇，一艘從廣州來港的漁船沉沒了，上面載有多名你們的鄉人，都溺斃了。」何老闆說到這裏，不單馬仔感到難過，何老闆自己同樣也有一份傷感。

何老闆好像在思索和回憶一些東西，不一刻，他對馬仔說：「很奇怪，你們鄉人來港，很多時都聽說有人出事。而你十分順利來到香港，應該說是幸運了。」

何老闆是不懂風水的，馬仔也是不懂風水的，所以他們都不知道這是與風水有關的。

《玄空秘旨》有云：離鄉砂見艮位，定遭驛路之亡。所謂「離鄉砂」是指山形斜飛、飛竄、反抱，在艮位相見是指在東北方相見。「艮」者止也，在卦裏是代表山和徑，飛竄則山徑不止，故有驛路之應。若遇失運，則主流亡於外或死於旅途中。

而馬仔的鄉間，可能由於多見離鄉砂，是故當年離鄉出外謀生之人特多。若遇其祖上風水有「離鄉砂見艮位」者，則大為不妙矣。

現在再回頭說一下馬仔父親骨殖未遷葬時之風水。前文已說過是：民國初年三運造，甲山庚向，右手方為一高山，山勢斜飛反抱。

甲山庚向也就是坐東向西的第一卦，那麼右手方不就是艮方，亦即東北方，而山勢斜飛反抱，三運正是「離鄉砂在艮位」。而該處有不少墓穴，是鄉人把先人葬在那裏的，那就應了「離鄉砂在艮位，定遭驛路之亡」。而《玄穴秘旨》這句說話是十分肯定的，它用「定遭」兩字而非用「或遭」，可見遇此山形甚難幸免。

奇伯當日站在山頭上搖頭苦笑，已早觸先機，所以認為只有遷葬一途，可改變馬仔今後的命運。而易谷子說馬仔的相格「三尖六削」亦並非看錯，但奇伯在玄學上的造詣，已到偷天換日之境界，卻非易谷子所知而已！

世事之奇，每多令人難以解釋者。但相信玄空（風水）學者，便覺得一切都有迹可尋，有理論可稽。

現在再說一下奇伯為馬仔父親遷葬所擇之穴，他如何會有這麼大的把握？

奇伯所選之吉地，為癸山丁向，亦即坐北朝南的第三卦，東西兩邊各有平峰，如兩手之相抱，坐山龍脈雄壯，在西南坤方且有一清澈之湖，巒頭甚吉。

以數理言，三運癸山丁向，是為雙星到向之局，四綠生氣到山，一白飛到湖水，山水有情，理宜為丁財兩旺之局，與未遷葬前之局大異其趣，不可以道理計也！更何況開穴後見有太極暈，自然更為錦上添花矣。

馬仔自父親骨殖遷葬後，即順利離鄉赴香港發展，而且在當日人浮於事的香港，迅速獲得偶然相識的人的照顧和找到工作。

而最奇怪和馬仔本人亦在不知不覺之中者，是他的性格和思想，在父親的骨殖遷葬之後，有了很大的改變，從過去的魯莽而變得漸知穩重。

馬仔幼年喪父，因家貧很早就已輟學，讀書少，沒甚學識可言，亦無一技之長，有的只是為人誠實和勤力而已，他就是憑這點好個性得到人緣和日後老闆的賞識。

時光過得很快，馬仔在何老闆的店子工作了兩年，已由後生升為打雜，以前參茸店的員工編制，最低級的是後生，那是做些清潔打掃和倒痰盂等工作，所做之事可說與生意全無關係的。但打雜則比後生高一級，可以幫做一些店中雜務，然後再升就是幫櫃，然後是三櫃、二櫃而至頭櫃。頭櫃已相等於店中的總經理人物，店中生意的來龍去脈和決策，都知道和有份參與。

馬仔這時年約十五歲，仍很年輕，但做事已十分負責，升為打雜後工作更為勤快。

一天晚上，馬仔收鋪後在閣樓睡覺，至半夜，朦朧中聽見有窸窣之聲，來自店裏。

玉扣護身

馬仔循聲走下樓梯，擬到店面去一看究竟，在黑暗中他見一團黑影似在打開藥櫃搜索，正懷疑是否有賊摸黑偷東西時，馬仔已漸走近藥櫃面前，突然間有人用木棒在馬仔後腦一擊，馬仔在半昏迷中將要跌倒時，兩黑影擦身而過，打開前門急速地衝出去。這一下子突然而來的變故和兩黑影的衝勢，把馬仔也推倒在地，而且推倒了店內的巨型切刀，鋒利的刀鋒差點割在馬仔的咽喉上。

店內由於發生了巨響，在睡夢中的店員都被驚醒，紛紛起來亮燈察看究竟，只見馬仔伏在地上一動也不動，而店內各物凌亂。店員一方面致電何老闆家中，通知他店中發生事故，請他馬上回店，一方面在替馬仔擦藥油，先把馬仔弄醒過來再説。不久，何老闆從家裏趕到店中來，而馬仔也醒過來了。何老闆在察看藥櫃，發現有些貴重的藥材如人參等失去，知道是店舖遇到夜盜，但奇怪的是店中各門戶均未有被撬過的痕迹，那麼賊人是從哪裏進來的呢？大家正研究這問題和是否報警時，何老闆發現各店員當中，少了一位睡在店內姓伍的幫櫃，至此何老闆已猜到發生了甚麼事。

後來經過警方調查，案情終於大白。原來那位姓伍的幫櫃，因為賭輸了一筆款項，急欲找錢來還債填數，便串同一名黑道中人在夜裏到店中爆竊，因他知道名貴的藥材放在哪裏，所以先由自己動手，黑漢把風，不料極小的聲響都把馬仔驚醒了，而馬仔在下樓察看時，夥同爆竊的黑漢一時情急便把馬仔擊暈，然後雙雙衝出店舖逃走。

話說馬仔當夜在醒過來後，見到店中各人圍着自己，有人說他幸而沒有撞及那巨型切刀，否則後果不堪想像。馬仔站起來後，各人要他檢查一下身體各處是否有傷，他發覺只是擦傷腿部一些皮膚，並無大礙，但當日奇伯給他佩在身上的漢玉扣，卻碎裂了。他看着倒在地上的鋒利巨型切刀，心中不期然發毛，慶幸自己逃過一劫，也更佩服奇伯的料事如神和早有伏着。

中國人有句老話說，大難不死，必有後福。果然，馬仔經過這次險象環生、差點送了性命之事後，運氣也真的一天天好起來。

首先何老闆覺得此次遇盜沒甚損失，馬仔是有功的。在那個幫櫃被捕後，何老闆自然開除了他，因此參茸店裏便有了一個職位空缺。何老闆一方面為了表揚馬仔，一方面為了填補那職位上的空缺，便很自然的想到把馬仔升職。

馬仔自升任為幫櫃後，可能是得到鼓勵的關係，工作也更勤快。

轉眼又過了幾個月，已到過年的時候。這年由於參茸店生意不錯，何老闆為了激勵員工的士氣，在年底時除了依例每人有一個大紅封包外，還有花紅。馬仔與店中各人自然喜滋滋的。

一直以來，中國人的店舖在過年時都會放幾天的假，參茸店也不例外。而一般人在過年放假之時，主要節目不外是打麻將、賭錢、旅行等，亦有人去參神，祈求新一年平安順利，或求籤算命，看看新一年的運程如何。

年初二，參茸店仍是假期，店中有人發起到離島去遠足，馬仔到了香港兩年多，從未去過旅行，現在因是假期，有空暇，便亦興高采烈的參加。

一行人等到了大嶼山，上岸後時近中午，有人提議先到山上寺院去遊玩，果然一呼百和，眾人紛紛向山上走去，但走到山腰時，各人已感十分疲倦，要停下來休息。結果他們找到一個較平坦的草地，坐下來喝點水和吃點自己帶去的東西如麵包等。馬仔到底是最年輕，所以並不感到太疲倦，在眾人還坐在地上休息時，他已跑到附近山頭去觀看風景。當他走到一個綠草如茵的草坪上時，見有四名年約二十餘歲的青年坐在地上，圍着一名中年人在聽他講話。那名中年人年約四十餘歲，窄腮長面，面白無鬚，身穿棉襖西褲。馬仔躡足的走到他們面前，那中年漢子仍在口沫橫飛的在說話，馬仔只聽了幾句，便覺得很有趣。

原來那中年漢子在談論大嶼山的風水，他說在宋朝時，李昂英因為平定黎苗有功，獲宋帝賜大嶼山為食邑。

相傳李昂英知道宋帝準備賜他大嶼山為食邑時，曾請過風水先生到大嶼山看過風水，只可惜他聘請的風水先生，都是一些只擅於穿鑿附會之輩。

第一位風水先生說，大嶼山與青山相對，大嶼山形如一隻母牛，而青山是一個牛仔，正是：「大牛帶小牛，代代出公侯。」

李昂英聽後滿心歡喜，立即派家丁到大嶼山立石，準備將家族遷到大嶼山。

不料就在這個時候，又有人介紹一位風水先生給李昂英，說這位風水先生功力更高。

李昂英認為多一人的意見參考也無妨，便帶了這位風水先生再到大嶼山，希望這位風水先生同樣認為這地方是「代代出公侯」。

豈料這位風水先生的意見與前一位風水先生的意見大相逕庭。

這位風水先生説，這不是「大牛帶小牛」之局，而是「大象帶小象」之局。

那麼「大象帶小象」之局又有甚麼不好呢？原來他説：「大象帶小象，代代出和尚！」

這是毫無理論根據、毫無標準的穿鑿附會之言。

據説就這樣嚇得李昂英不敢遷來大嶼山，雖是他的食邑亦不敢要。

馬仔在一旁細聽，覺得十分好笑，似牛或似象，分別原來那麼大。

這中年漢子接着就吹噓自己的風水功夫如何了得。他又説，香港的鵝頸橋將來必是香港最發達的地方，並指出哪裏是鵝頭，哪裏是鵝尾。

這人胡謅確有點功夫，他説風水學説有云：「分明是隻鵝，銀紙一籮籮。」

接着這中年漢子又替圍着聽他吹噓的四人論相，並説自己除了風水了得之外，掌相方面也得自柳莊的真傳。説到這裏，他忽然發現馬仔在聽他説話，瞪着馬仔一會，表情有點吃驚的樣子。

這中年漢子看了馬仔一會後，由吃驚的表情轉為疑惑，漸而露出大惑不解的樣子，結果他再示意馬仔走近他面前一點，好讓他可以看得更清楚。

到這個時候，這個中年漢子說話了，他說：「我方敬莊行走江湖十多年，從未見過這樣奇怪的相貌。」說完便低頭沉思。

至此馬仔才知道這中年漢子的名字叫方敬莊。

不一刻，他忽然若有所悟的以一隻手攔腰抱着馬仔，另一隻手去摸馬仔的後腦骨，摸了一會，又叫馬仔伸出兩隻手掌給他看，他看了一會後又在搖頭，馬仔根本無法知道是甚麼意思。

方敬莊在低吟說：「似好非好，似壞非壞。壞中有好，好中有壞。若好若壞，是好是壞？」

馬仔聽來就似聽偈語似的，實在不知道方敬莊是說自己的相格是好還是壞。其他四人圍着方敬莊聽他說故事的，同樣不知方敬莊葫蘆裏賣甚麼藥？

就在這個時候，與馬仔同去旅行的參茸店同事已經找到來，一下子這個山頭上的草坪熱鬧起來，有人輕聲地問馬仔剛才在這裏做甚麼？馬仔亦輕聲回答說：「那位先生是會看相的，剛才贈了我幾句。」

旁邊的幾位同事聽說是看相，都感到很大興趣，紛紛地問馬仔剛才看得怎樣、準繩與否等，但馬仔卻說：「他盡在說甚麼好好壞壞，我也聽不懂。」

不料馬仔的說話給方敬莊聽到了，他誤以為馬仔在拆他的台，臉上露出不悅之色。而亦因為馬仔這句說話，激起他要在眾人前露幾手之心。

其實，方敬莊在相學上倒是有點造詣的，只是在風水學上則只學得一些穿鑿附會的東西。而這種人，在江湖上不論古今都多的是。

方敬莊這時站起來，第一句說話又是不忘吹噓自己，說自己得自柳莊真傳。接着才論馬仔的相，才幾句說話，已使眾人感到驚訝。

方敬莊為了要表現自己的功力，所以拿着自己認為最有把握的地方先說出來，以求先聲奪人。他對眾人說，以馬仔的相來看，他出生不久已喪父，接着尚在童年時就會破祖離家，近日曾發生過一宗大難不死的事件。

只這麼幾句說話，馬仔與眾同事都感到十分驚訝，覺得方敬莊確是神乎其技。但方敬莊接着再說下去，眾人又覺得他是在賣弄江湖口吻，何以眾人對方敬莊的觀感在頃刻之間變化如此之大呢？

原來方敬莊接着對眾人說：「此人的相貌，有多處地方看來似是而非，既似在轉變又似未定形，今後的禍福似乎仍難定奪。」方敬莊說到這裏頓了一頓，似在思索。其實他這番話是歪打正着的說對了的，只是他自己與眾人都不知其中原因，而眾人更覺得方敬莊在說滑頭說話，認為是他黔驢技窮的表現，實際功夫只得三兩招而已。

方敬莊看得出眾人在懷疑他的功力，為了挽回眾人信心，便又大膽的論馬仔的相。

方敬莊說：「以馬仔的相來說，額角巖巉先喪父這是誰都會看的。所謂『額角巖巉先喪父，山根低陷母先亡』的準繩度是頗高的。而他前額髮際尖出，加上耳形不佳，童年運差，故可斷其早年破祖離家。再看其臉上有一股青藍之氣在消退中，故斷其剛在不久前逃過一劫。」

方敬莊是在解釋自己剛才的判斷，接着他說：「以馬仔的相而言，不少人會說他是三尖六削。」說到這裏他伸手到衣袋裏取出一包香煙。而馬仔一聽到「三尖六削」這四字，心中不免起了感觸，想起了易谷子、奇伯、華仔及母親等人。

接着方敬莊點着了一根香煙，吸了兩口便繼續說下去，他說：「馬仔的相，是近乎『五露』的，不過他年紀輕，現時仍難拿捏得準，若發展為真『五露』的話，自是大富大貴之相。」

眾人正急着想知甚麼是「五露」，但見他又停下來抽煙了。

相貌在變

方敬莊在相學上所知，實在比在風水學上所知多許多，若他能專心在相學上發展，成就會更高。

他吸了口煙，噴出一個煙圈後，再繼續說下去，他說：「所謂『五露』是眼露、耳露、口露、鼻露、顴露，缺一不可。而『五露』之中又分有『大五露』和『小五露』，前者自是大富大貴，而後者亦小富小貴。」

說到這裏方敬莊好像見到甚麼東西，忽然站起來，只見一個年約五十餘歲，頭戴絨帽，身材瘦削，耳小面窄，唇上留有小髭的男子一步一步的走近。

方敬莊馬上大聲的叫：「大師哥，快過來，你跑到哪裏去了？」

但見那人有點兒氣喘的說：「我剛才不想妨礙你授徒，所以悄悄的到那邊山坡去打坐和冥想。」

這時馬仔和眾同事才知道圍坐在地上的四名青年是方敬莊的徒弟，也猜他們師兄弟兩人可能是一同帶着徒弟來大嶼山遠足的。

方敬莊整理一下衣袖，站起來指着馬仔對他的大師哥說：「這人的相貌，前事要能看得準一點也沒有問題。只是他的相貌有許多地方在疑似之間，是我從來未見過的，你過來參詳一下給點意見吧。」

方敬莊的大師哥果然走到馬仔面前，仔細的端詳一番，又沉思了一刻，這時大家都在等待聽他的意見。最後他終於發言了，他說：「他的相貌，以我唐克文的經驗來說，的確是在轉變中。」

他們師兄弟兩人看來都有在說話中標榜自己的習慣。

接着他又說：「通常一個人的相貌轉變，分有兩個理由，最多的一個理由是隨年齡而轉變，有規律可循。但他可能是例外，屬另一個較少見的理由。」

身為大師哥的唐克文，顯然在相學上較其師弟方敬莊有較深的功力和見識較廣。

唐克文這時盤膝坐在草地上，整理一下頭上的絨帽然後接着說：「有些人的相貌轉變，可能是由於『祖德』的關係，也就是說由於祖上的積德所致，這當然是指向好的方面轉變。」

說到這裏，唐克文稍作思索，方敬莊好像恍然大悟似的，搶着說：「我明白了，這孩子的相貌如果真的變為『五露』而入了格，那麼是他承受了『祖德』，是他祖上曾有積德之事而澤及他。」

馬仔相貌在轉變，兩個專研相學的人都看出來了。但轉變的原因，卻都未能猜中。

唐克文猜他因「祖德」而致，已頗接近，亦已了不起。

這時山頭上忽然颳起一陣旋風，眾人紛紛走避，離開草坪向山下走去。唐克文本來還有話要說的，但見眾人離去，也在風中用手按着頭上的絨帽，半彎着身子隨着眾人下山而去。

當晚馬仔回到店裏，洗過澡後很早就上牀睡覺。本來白天旅行舟車勞頓，晚上應該容易成眠才是。但是奇怪的是馬仔這晚徹夜難眠，輾轉反側，既想到白天在大嶼山的山頭上方敬莊與唐克文的說法，也想到當日在鄉間被易谷子罵過「三尖六削」，更想到奇伯如何教導自己和要自己緊記着的事，當然更想到華仔和母親。思潮起伏，自然難以成眠，直到天將亮倦極了才進入夢鄉。

翌日是大年初三，俗稱「赤口」的日子，一般商店在這天仍然休息。而過往習俗，這天是大家不相往還拜年的，因此許多商店夥計便趁機聚賭，老闆亦因在新年期間，每多隻眼開隻眼閉不予理會。

這天早上，馬仔起牀時已見店中各人在聚賭「牌九」，他站在一旁觀看，忽然間一陣急切的敲門聲，各人在錯愕中面面相覷。

大家在奇怪有誰會在這個時候敲門，敏感地以為是警察來檢舉，急急的把骨牌收起來，然後由馬仔去應門。

馬仔在大門後高聲問敲門者找誰，不料敲門的人高聲的應，說是來找「馬有道」的。

馬仔正在納罕誰人會在這個時候找自己呢？那人已在門外高聲的說，他是「馬有道」的同鄉，現在受另一位同鄉「李華」之託，帶了一封信來港給他。

馬仔這時才知道那人是受義兄華哥所託帶信來給他，便急急地開門，那人知道馬仔就是馬有道後，把信件交給他就匆匆離去，馬仔本想邀他入店喝點東西也被他婉拒了。

店內各人這時才舒了一口氣，把骨牌重新倒在枱上，又再興高采烈的玩其牌九賭博。

馬仔拿了信後，心急的三步併作兩步走上閣樓去，在閣樓窗口斜斜的陽光照射下，馬仔拆開華仔的來信，細心閱讀。

華仔在信中說，這信是奇伯吩咐他寫的，要馬仔記得茶亭三年之約，並說奇伯已去信易谷子，約他在端午節回到鄉間，到茶亭會面，所以特別囑咐馬仔要在端午節回到鄉間，到茶亭與易谷子及各人見面，萬勿爽約。

馬仔讀完信後才驚覺自己來了香港原來已兩年多，還有幾個月就是三年了。光陰似箭，一點不假。

馬仔在這兩年半期間中，雖然升了兩次職，已算幸運。但因為他是由最低層的後生做起，所以雖然一再升職，至今仍不過是參茸店的幫櫃而已！以目前情況，收入既不多，就算把它全部積存下來，也不知到何時何日才堪稱小康，更遑論大發達也。

奇伯與易谷子打賭之事，馬仔是知道得十分清楚，不免也替奇伯擔心。所以這天他讀完信後，勾起了往事的回憶，攬鏡自照，在研究自己的相貌是否有變。由於馬仔是不懂相學的，當然無法看出任何端倪。

轉眼到了接近端午佳節的時候，馬仔早已作好回鄉的準備，向何老闆請了幾天的假。在將要啓程前的幾天，馬仔心中既喜復憂，喜的是快將可以見到一別三年的母親，擔心的是奇伯為了自己跟人打賭，萬一輸了，豈不是在江湖上多年的英名盡喪。

在端午節的前一天，馬仔已回到鄉間，最高興的自然是馬仔的母親，眼見兒子長高了許多，又聽説兒子在香港混得不錯，喜悦之情完全表露無遺。別人眼光看自己的兒子儘管説是「三尖六削」，但自己看自己的兒子，永遠是最好看的。癩痢頭兒子也是自己的好，是永遠不會錯的。

當天晚上馬仔與母親吃過晚飯後不久，奇伯與華仔已經登門造訪，當夜大家相談甚歡。

馬仔在香港混了三年後，比前已較世故，已懂得感謝奇伯及華仔對自己母親這三年來無微不至的照顧。

在說話間，奇伯不斷注視馬仔的面貌，華仔坐在一旁，知道師傅是在端詳馬仔的相，看他有哪方面改變了。

馬仔亦知道奇伯是在看自己，也希望奇伯能看出自己在相貌上有哪些地方改變了！但奇伯當夜完全沒有提及馬仔相貌之事，只是與華仔一同離去時再三吩咐馬仔，要他明天中午時分到茶亭去。

翌日正是端午佳節，龍舟鼓響、粽子飄香，但這些東西都未能吸引馬仔。在中午時分他依時到了茶亭，但奇伯與華仔及易谷子仍然未到。

馬仔溜目四周，覺得鄉間山頭的風光特別明媚。想起三年前自己還是牧童的時候，一場白撞雨使他魯莽的衝入亭中，弄濕了易谷子的衣衫，不料由此而引起江湖上兩大高手的打賭，而自己的命運亦由此而改變。際遇之奇，有如此者！

正思想間，已見奇伯、華仔及易谷子不約而同的慢步上山向茶亭走來。

重大缺點

不一刻，奇伯、華仔與易谷子已來到茶亭。易谷子到底是個急性子的人，一見到馬仔，還不待馬仔開腔，便站到馬仔的面前說：「啊，不見三年，果然高了許多，且讓我看看你的相貌是否有變？」說着便把馬仔拉到一旁，藉陽光的正照，十分仔細的注視着馬仔，好一會，然後對奇伯說：「你果然有本領，這孩子的相貌果然是變了，我該寫個『服』字給你，大丈夫願賭服輸。但在我寫個『服』字給你之前，讓我說一句心裏的話。這次打賭，使我不快了許久的不是我怕輸，而是你們小覷了我，怕我從中破壞，要我立下毒誓。我個性雖然魯莽和性急，這缺點我是知道的，但決不致要些下三濫的手段，幹些破壞性的工作。須知壞人祖墳，豈是鬧着玩之事，不受良心責備，江湖上亦必留一惡名易谷子還未說完，奇伯已覺得自己當日確有不是。奇伯到底是個有修養的人，馬上止着易谷子的說話，然後和顏的對易谷子說：「算了，算了。我當日要你立誓，確是不對，這樣吧，我現在向你致歉，同時你不必寫個『服』字給我，作為對你的補償。」奇伯這樣說以為必定可平易谷子的氣，不料易谷子卻漲紅着臉說：「你以為現在大功告成了嗎？」

奇伯正在不知如何答他的時候，易谷子接着說：「以目前馬仔的相貌，確是比三年前改變了，這是無可懷疑的，也是你第一步的勝利。但這相貌仍有極大的缺點，足以妨礙他飛黃騰達的，你是否想知道？」

奇伯也知易谷子在相學上確是有點功夫的，自己也感覺到馬仔的相貌仍有缺點，但一下子卻無法說出來，便一邊展開手中的紙扇來扇涼，一邊對易谷子說：「願聞其詳。」易谷子見奇伯這麼說，氣果然下了許多，他拿出手絹來抹一下額上的汗，坐在石凳上，然後指着馬仔對奇伯說：「他的相貌已由『三尖六削』走向『五露』，這是我最佩服你的。但他相貌上潛伏着一重大缺點，足以使你功敗垂成！」

易谷子說到這裏，似乎是有意賣一下關子。而奇伯、華仔與馬仔卻全不作聲，在等待易谷子發表高見。

終於，易谷子沉不住氣，繼續說：「五露之相，以祥和為貴。因為五露之相，由於是眼露、耳露、口露、鼻露及顴露，是故最容易帶有猙獰之氣和戾氣。犯有此忌，則雖屬五露之相，亦不足以成富貴。」

奇伯與華仔兩師徒對相學亦有研究，覺得易谷子所説之話不無道理，連連點頭稱是。

天氣到底是炎熱，易谷子再用手絹抹一下面額上的汗，然後繼續説：「如今馬仔的相，確有走向五露之趨勢，但他相貌上的最大缺點，便是帶有戾氣。這點戾氣若未能加以消除，我看他並無發達之機會，儘管奇伯有偷天換日的本領，亦必有一失而致前功盡廢的，所以這次打賭，第一步我是輸了，但第二步我不一定是必輸和必定要從此銷聲匿迹江湖的。」

易谷子一口氣説到這裏，便停下來等待奇伯的反應。

奇伯與華仔都不期然的注視着馬仔，也覺得他臉上確是帶有點戾氣。

而奇伯亦明白易谷子所説，在這種情況下，儘管有偷天換日的本領，亦必有一失的意思。那是説儘管你是玄空（風水）學的高手，一切經營全無瑕疵，但有時天意難違，每有巒頭之變，而致所謂「巒頭不真，理數亦假」。奪人所算，使人慨嘆！

易谷子雖然魯莽和性急，卻不失為一個聰明人。奇伯與華仔對自己説話的反應，他都看在眼裏，知道自己説話有了效應，使到奇伯與華仔都在躊躇中，只有馬仔因為年紀輕和從未學過任何玄學，不太明白其中玄虛而已。

易谷子見奇伯與華仔陷入沉思和默不作聲，便更躊躇志滿，好像在這場打賭中已勝了奇伯那樣意氣風發的說：「我有一法可以消除馬仔相貌上的戾氣。」

奇伯這時在想，易谷子雖是個魯莽性急的人，但在某些關節上有他的聰明之處。也知道易谷子說到他有辦法可消除馬仔相貌上之戾氣，卻不一下子就說出來，明顯是在討價還價。

奇伯既是老於江湖，亦有甚好之修養，在明白了易谷子的心意後便說：「這樣吧，我們這次打賭，就把它看作是和棋兩勝好了，誰也沒有輸給誰。現在你就把你的辦法直說出來，好讓我們多點見識！」

奇伯這番客氣得體的說話，易谷子果然受落，終於欣然的說出他的辦法。

易谷子說：「一個人要消除面相上的戾氣，最佳的辦法是學佛或吃素，從而幫助達致心慈之境，消除戾氣，這亦是『相由心生』之道。」

奇伯聽來亦覺得易谷子說得有道理，只是站在一旁的華仔卻說：「以馬仔讀書這麼少，僅能看懂普通的信件，能研讀佛經這麼深澀的書籍嗎？」

奇伯聽華仔這麼說，知道自己這個徒弟對佛學有頗大的誤解。一方面為了糾正徒弟的錯誤，一方面讓馬仔知道多一點天人的道理，因此奇伯就十分正色的對華仔說：「學佛不一定要滿腹經綸的人才可以學的。」

「舉例來說，一個讀書甚多的人，縱使他對佛的理論說來頭頭是道，甚至有所著作，但如果他心術不正，呃神騙鬼，招搖撞騙，無惡不作，明知是騙人的事也照做等，這種人你說能否得成正果？我認為徒招『佛口蛇心』之譏而已。相反一個善心的老婆婆，她甚至目不識丁，只懂唸『南嘸阿彌陀佛』幾字，對佛經理論所知不多，但心慈樂於助人，救困解厄不惜代價，這位老婆婆得成正果的機會，應遠較前述那位所謂讀書人為大。」

「佛祖釋迦牟尼當年是在菩提樹下七年悟出佛的真理。記住，他並非在圖書館鑽讀書本得道的，『道可道，非常道』，甚明矣。」

奇伯接着又說：「不但學佛如此，人生許多事，悟之道，是十分可貴的。」

奇伯這番道理，簡單清楚，使華仔、馬仔茅塞頓開。而站在一旁的易谷子，亦感覺到奇伯是個有大智慧的人。

奇伯見華仔、馬仔與易谷子都十分接受他的說話，便藉此機會再教導自己的徒弟華仔說：「學術數也一樣，潛修悟道這四字十分重要。你跟我學玄空，我教懂你入門的理論後，以後有很多工夫是要靠你自己去做的。不但術數如此，世上許多學問工夫都是這樣的。如許多偉大的文學家或藝術家，都不一定出身於文學院或美術院，但他們懂得『潛修悟道』，不少極好的道理就從本身勤力自修中悟出來，與學佛之得成正果的道理如出一轍。」

奇伯反覆對徒弟華仔清楚說明，切不可因馬仔讀書少而認為他不能學佛。

這時烈日當空，奇伯亦感到暑熱難當，不斷的用手中紙扇搧涼，易谷子則不斷用手絹抹汗，但難得他的心情一點未受天氣影響。

最後奇伯轉過頭來對馬仔說：「在你這樣的年紀，要你天天吃素是十分難的，你可擇每月的初一或十五吃素。這在提高你本人對慈心的警覺會是有效的。」

「為善積德，不可或忘，卻不必刻意去做，一切隨緣，做時未有求報酬之心，效果才大。」

奇伯這樣對馬仔說，一方面是教導馬仔，一方面已同意了易谷子的提議。

江湖上兩大高手的打賭，至此變成是合作，亦是始料不及也。

易谷子見奇伯接受自己的建議，得意之餘對奇伯又產生另一種觀感，覺得這老人家見識廣博而不頑固，功力深厚而不自滿，在術數上將來不知可攀到甚麼樣的高峰。

最後奇伯對馬仔說，希望他以後每年新年放假的時候都能回鄉一行，好讓大家見見面。奇伯這樣說，易谷子馬上知道奇伯的目的。

奇伯要馬仔每年回鄉一次，主要是要知道馬仔今後幾年內，相貌每年能改變到怎樣，運程如何。這些心意，易谷子都猜到了。

馬仔這次回港後，對奇伯的教導都一一銘記在心，只是在吃素方面，並未擇定初一或十五吃。同樣是隨緣，覺得這天應該吃素了就吃素，但每個月總有一兩天馬仔是吃素的。

時光似箭，轉眼間過了幾年，馬仔亦已接近二十歲了，每年新春的時候，馬仔都照奇伯的吩咐，回鄉見見母親和各人。而每年他們都在茶亭相聚。連續幾年，奇伯與易谷子都十分注意馬仔的相貌，看他是否得到祥和的五露之相，但每年都使到奇伯和易谷子失望。

而馬仔在香港參茸店的工作仍是幫櫃，薪金雖略加了，但工作如舊，只是較以前熟手許多而已。

心慈之果

到馬仔二十歲那一年，在接近新春的時候，奇伯親自再到馬仔父親的墳墓上去，看看巒頭是否有變，因為奇伯知道新一年的來臨，是為「六白」入中，「一白」到向，「三碧」旺星飛到坤方湖水。他認為這一年是極為關鍵性的一年，如果巒頭真、理氣對，那麼這年馬仔必有所成。

他站在馬仔父親墳墓前，遠眺左右兩邊山巒起伏，西南方湖水如鏡，三運癸山丁向，是自己悉心營造之局。開穴後且見太極暈，理宜丁財兩旺才對，但葬後多年不外如是，連奇伯亦感不解。

所以此山翌年「一白」到向，奇伯在山頭上站了很長的時間，直至感到累了，才下山而去，還不斷回頭看馬仔父親的墳墓。陰念自己拚了生平所學，如今再看其巒頭未改，不可能毫無效應的！

轉眼到了春節，馬仔如往年一樣回鄉探望母親和奇伯各人。鄉間到處爆竹聲中，奇伯、易谷子、華仔和馬仔又在茶亭相聚。馬仔說出此次回鄉途中，遇到了一件怪事，使奇伯大喜過望。

馬仔說他經過一條溪澗時，見到一個很怪的現象，有一大群蟻前仆後繼的通過溪水，前邊的溺斃了，後來的就在其身上爬過，遠看有如一條黑麻繩浸在水中，結果當然是溺斃的多，能順利通過到對岸的少了。

據村中的父老說，這種現象不常有，很多時是因為通往蟻巢的道路突然為洪水沖過，形成一條小溪澗，而蟻群急於回巢才有這種現象。

馬仔說他當時蹲在淺水中，見到有些游離的蟻在水中掙扎，便用樹葉把牠們救起來，放到小溪澗另一邊的草地上。經過約半小時，救起了不少行將溺斃的蟻，其他溺斃的已為水沖去了，這才趕着回家。

奇伯聽馬仔說遇到這樣的一件怪事，心中大喜，知道馬仔已有慈心，那麼面相上必有顯示。

果然易谷子端詳了馬仔一會後，便對奇伯說，馬仔的面相已出現了祥和之氣，是為五露之相中最可貴者。

奇伯與華仔都同時注視着馬仔，都覺得馬仔的相貌果然與過去有很大的不同，而最大分別在於現在看馬仔之相，確有一種慈祥的感覺。

馬仔相貌的改變，奇伯固然最高興，而易谷子亦覺得自己有功勞。

而奇伯比易谷子在天機上多知道一點的是，馬仔父親的墳墓本年流年飛星甚吉，馬仔就在這個時候不知不覺間特別心慈，因而面相上亦有顯示，便達成了祥和的五露之相。

這次茶亭聚會，奇伯高興萬分，暗中又占一課，然後對馬仔說：「你今次回港工作，有機會一再升級，但記着不可生驕。現在再給你一個錦囊，你記着，『五』字對你大忌，行不得，藏不得，戀不得。」

而馬仔回港後，在一年中，由於勤力和人緣好，果如奇伯所説，由幫櫃升為三櫃再升為二櫃，正合了一再升級之説，何老闆對他愛護有加。至於「五」字之忌，更使馬仔心服口服。

在這一年中，由於奇伯留下一個錦囊，馬仔知道「五」字對自己是大忌，倒也給他逃過幾次無妄之災。

在初夏期間的一個星期日，馬仔有朋友發起到石澳附近去旅行和海浴，那裏有個小島名叫「五分洲」。而那天剛好是農曆的初五，馬仔本來是有意參加的，但忽然電光火石的在腦海中閃過「五」字是大忌的念頭，去的地方地名有個「五」字，而出發那天又是初五。終於馬仔在考慮一番後，認為還是不參加為妙，就此退了下來。結果那天去旅行的人因為發生車禍，引致了多人受傷。馬仔陰念幸而奇伯留下錦囊，逃過一劫。

在接近中秋節期間，有一天有人持古畫到店裏兜售，馬仔首先接過來看的是五幅相連的小冊頁，本來馬仔十分喜歡，價錢也不貴，正想買下來的時候，腦海中又閃出「五」字大忌的意念，終於放棄了沒有買。馬仔幸而沒有買，原來那是賊贓來的，店裏有一名同事買了下來後，幾乎惹上官非，給警方調查了一段時間後，那五幅冊頁物歸原主，同事破了財，還幸警方未有起訴，但已麻煩透了。

又在接近聖誕節期間，店裏經常有一位面目姣好的少女來買藥材，買的都是貴價的東西，由於來買的次數多了，漸與店裏的人熟落，變成熟客，與馬仔似乎更為投契。

馬仔到底年輕，心底裏對這少女亦有好感，而這少女亦很多時在有意無意間挑逗馬仔。但這少女是姓伍的，店裏的人都稱呼她為「伍小姐」，這使到馬仔的心裏甚為不安，每次想暗中約會伍小姐時，腦海中又閃出「五」字大忌的意念！終於馬仔還是臨崖勒馬，也不理會伍小姐有何暗示。

不久，馬仔發現那位所謂伍小姐，原來是一位發了財撈家的少妾，曾墮風塵亦鬧過桃色新聞。至此，馬仔無法不對奇伯口服心服。因為「五」字大忌，行不得、藏不得、戀不得，全應驗了。

在以後的幾年中，每次奇伯、馬仔、易谷子與華仔等新年在茶亭相會時，奇伯都給馬仔一個錦囊，其中有些頗奇怪的啓示，使馬仔對禍福知所趨避。

就這樣馬仔在這幾年中避過了許多不必要的挫折，從而在事業上更為一帆風順。

在馬仔的父親骨殖遷葬後不足十年，馬仔已由一名鄉村的牧童搖身一變而成為香港一間頗具聲望的參茸店的二櫃。到馬仔僅二十五歲時，何老闆再多開一間參茸店讓馬仔出任頭櫃，而且讓馬仔擁有店中部份股份。

至此馬仔平步青雲，數年間，在參茸業上已有一定的名氣，並接了母親來香港居住。

到馬仔接近三十歲時，娶了同業中人一位女兒，婚後夫妻生活愉快，翌年即一舉得男。到馬仔年近四十歲時，已有三子二女，事業上亦十分順利。

奇伯設計馬仔父親的墓穴，三運癸山丁向，認為是丁財兩旺之局，亦告應驗。

而這個故事至此亦告一段落，但我們可以利用這個故事來分析一下玄空（風水）學、相學、積德孰為重要？

積德為先

從整個故事來看，玄空（風水）學可以使一個人走進某一個軌迹，至於成功至甚麼程度則在相學上可顯示出來。但促使其成功的最重要因素卻是在積德，是亦古人所說之「厚德載福」也。《飛星賦》所云：「人為天地之心，凶吉原堪自主。」亦十分強調「心」之重要。

玄空（風水）學是以地理為主，但禍福災祥除地理之外，尚有天理存焉。

如以前我說過的一個故事說鶴山有一座廟，風水先生認為風水極佳，有土豪劣紳與縣官勾結，強霸該廟及趕走和尚，然後拆廟準備建屋自居，以求風水庇祐其日後財丁俱旺。該廟一名高僧被強行趕走時說的一番話，可以為鏡，他說：「此地無疑風水極佳，建宅住人如不發則無地理；但在這種情況下建宅，如發則又無天理。」

從奇伯與馬仔這個故事亦可看到，馬仔之平步青雲，固可說因為奇伯找到一個上佳的風水墓穴，遷葬馬仔父親的骨殖而致。

三運癸山丁向，加上前文所說之巒頭理氣，在玄空學而言固有其一定之道理存焉。但馬仔父親的骨殖遷葬後，奇伯應用多門術數為助，再加上易谷子在面相上的判斷等，仍未能一下子竟全功，最終還是要靠馬仔本人一念之善，才進入了飛黃騰達的軌迹。

同時這個故事還說明了一點，馬仔之獲福，固由於有奇伯之助和本人一念之善，但不可或忘的是，他能獲得奇伯這類近乎異人的術數名家之助，已是祖先的積福。所以馬仔在大嶼山的山頭遇到方敬莊與唐克文兩人時，唐克文猜馬仔的相貌轉變是由於承受「祖德」所致，可說是頗有道理的。

由此可見一個人積德之重要，就算本身未能身受其益，卻會澤及兒孫。

在今日急功近利的社會，這些說話許多人都會聽不入耳。不少人相信的是花錢買些三叉八卦之類東西回來就可轉運，實在可哀。

而今日在香港術數之被污染，程度之恐怖，固由於濫竽充數的人多，而急功近利的人趨之若鶩亦屬原因之一。

有人可以完全不懂玄空學，同樣夠膽招搖到各處為人看風水，甚至收徒，更有人可在傳播媒介上胡說八道，視香港人為全無懂玄空學者，如常聽人說「山管人丁水管財」，但聽其解釋，他根本不知這句說話的真義，不知那是山星與向星的關係。以為山就是山，水就是水。

冒充懂風水去騙人，其實是最為不智的。這些人的氣色大多是黑晦枯滯的，那是因為誤導了人而致的回饋。見過有人胡亂去替人營造陰宅，結果弄致自己疾病纏身。這只是表面禍害而已，還有更深遠的，就涉及損陰德的問題了。這豈是騙得多少金錢所能補償的？

如把一個人之獲得厚福看成是修成正果，那麼促成其達致這個目標的，當以「心善」為主，其他各門術數包括玄空學，只可說是觸媒之類的東西而已。

舉例來說，如有金舖聘得名家看風水後，晚上是否可以完全不設防，甚至把金器放在門外，都不會招致損失？

又如某宅有名家看過認為不會惹官非，但你卻利用該處來藏毒或印製偽鈔，到被警方破獲時，你是否可以說風水不靈？

「人為天地之心，凶吉原堪自主」，一點不假。奇伯與馬仔的故事已多方面引證了這點。

以下為另一個有關子嗣的既詭異又怪異的玄空故事。

第二章

初虛後實

獨子興家

話説在九龍郊區的一個小山上，有一座別墅式的獨立洋房，以玄空理數來説，是六運坐子向午（即坐北向南的第二卦），有山脈由西邊伸展至西南方而止，遠眺前方可見水口，屋的入門則在背後的正北方，且有養魚，而主人睡房的房門則開在東南方。

懂玄空的讀者，對此宅之飛星數當已了然於胸，吉凶已知過半。

此宅住有一對夫婦和一名兒子，當然還有傭人。

男的姓包，單名一個勝字，年約四十餘歲，身形矮而胖，圓臉，長髮及唇上蓄有短鬍，衣着新潮，有點藝術家的氣質，但他卻不是藝術家。而是一間五金廠的東主。他的太太名字叫阿娥，是一名短小精悍型的女人，年紀亦已接近四十歲。

他們結婚了十多年，方育得一子，取名阿超，故事發生時年僅三歲。

包勝是十分相信術數的，早年他去算過鐵板神數，其中有一籤文是：「桂子初虛秋後實，原來有數在先天。」他是認為奇準的。

不料到一九八八年，他太太突然再有喜，接着發生了極為不可思議之事。

一天晚上，阿娥在上牀前，靜悄悄的在包勝的耳邊說：「我好像有了身孕，奇怪吧？」

包勝聽阿娥這麼說，也錯愕了好一會。

阿娥之問包勝是否感到奇怪，和包勝聽到阿娥說有了身孕而錯愕了一會，主要原因是夫婦兩人都不相信有再添丁的可能。因為在包勝與阿娥結婚初年，一直已很想要子女，但可惜初期阿娥的肚皮不爭氣，到後來又頻頻流產，中外名醫都看過不少，始終無法使他們夫婦順利育得一子半女。求神拜佛，放生及捐錢做善事，都已做過，亦不奏效。

在阿娥已十分氣餒的時候，包勝卻仍有信心，就因為他算過鐵板神數，其中有一籤文是：「桂子初虛秋後實，原來有數在先天。」他肯定自己是有子的，只是「初虛」而秋後方實而已，也是說他要在中年後才可得子。

而奇怪的是，包勝與阿娥都十分喜歡看相算命的。但阿娥之相，有流產、難產及妨子之顯示，是十分清楚的，但在她三十五歲之前一直沒有人看出來，或看出來而沒有人對她說。

到阿娥三十五歲生日那天，包勝邀了幾位好朋友在酒樓相聚，為阿娥慶祝生日。包勝與阿娥既喜歡看相算命，而他們的朋友亦多醉心術數之人。當晚席上一名姓陳的朋友，人稱「小陳」，個性活躍，任職於律師樓，與包勝頗為相得，說出日前找得一位名家推算紫微斗數，靈驗非常。說時繪影繪聲，口沫橫飛，席上各人都為之動容，都有一試的念頭。

包勝與阿娥雖然喜歡看相算命，鐵板神數及八字都算過，就是沒有算過紫微斗數。這天晚上聽小陳說得紫微斗數這麼靈驗，而自己又求子心切，便很自然的興起去算一次紫微斗數的念頭。

翌日，包勝上班後，第一件事便是打電話給小陳，要他代自己約那位名家算一次紫微斗數。而小陳亦果有辦法，很快便為包勝夫婦安排了時間。而這次紫微斗數算下來，結果使他們夫婦二人發現了一些從來不知道的秘密。

斗數徵驗

到了約定的時間，包勝與阿娥準時到了那位斗數名家的辦公室。夫婦兩人報上了出生時間後，先算阿娥，那位斗數名家注視了阿娥好一會，再問了阿娥幾個問題，認為她的出生時間是準確的了，然後開始為阿娥推算。個性和兄弟人數準確、結婚年齡準確，說到子女宮和疾厄宮時，包勝和阿娥都感到訝異，奇怪斗數可以算得這麼細緻。

那位斗數名家對阿娥說，由於她的子女宮煞星拱照，所以子息得來不易，再加上疾厄宮星曜的顯示，她有經痛和經期不準，子宮偏斜，配合她的面相來看，「人中」（按「人中」即鼻下與唇上的淺溝）淺平而有痣，亦妨子之相。

包勝與阿娥聽名家說到這裏，覺得實在太玄妙了，怎麼連阿娥的子宮偏斜也看出來？按紫微斗數是有能力看這些東西的，貪狼星在巳午宮為疾厄宮，女命主經痛、經期不準及子宮偏斜。但未有學過紫微斗數的人，自然覺得十分神奇了。

包勝與阿娥結婚多年，阿娥懷孕多次都告流產，醫生也告訴過阿娥說她的子宮偏斜。但這個秘密是外人不可能知道的，不料紫微斗數卻算了出來。

那位名家接着再對阿娥說，由於她面相上的「人中」有痣，勸她不妨找整容醫生把它脫去，希望以後懷孕會順利點。最後他安慰阿娥不要灰心，三十五歲後若再懷孕，定可一舉得男。

到為包勝推算時，同樣算出他要中年後方有機會得子，並指出他命中只有一子，不能強求。那位名家並以鐵板神算的籤文來安慰他說：「莫道香燈無繼，獨子足可興家。」

至此，包勝夫婦清楚自己命中的秘密，原來「桂子初虛秋後實」的「秋後實」也不過是一生中只有一回之事，可一不可再。

到阿娥三十六歲時，果然育得一男，取名阿超，夫婦兩人都認定阿超是自己命中的獨子。

不料到阿娥三十九歲，又再懷孕，夫婦兩人因此驚疑不定。是各門術數都算錯了？

再孕之謎

包勝夫婦商量了許久，結果決定再去算一次紫微斗數，看看上次有沒有算錯。而且阿娥因已找整容醫生脱去唇上的痣，不知這是否可使她多得一男。這些問題都是他們夫婦兩人十分想知道的。

這次他們得到另一位朋友的介紹，去找一位人稱陸伯的斗數名家推算，目的是對照與上次那位名家所推算的結果是否相同。

但可惜他們獲得的答案使他們十分失望，陸伯同樣算出他們夫婦兩人子息遲得，應是中年得子，同樣認為是「獨子足可興家」。終於阿娥忍不住，問陸伯她本年是否可再添丁？

陸伯年近七十，鬚眉發白，身材瘦削，但精神甚佳。他輕撫一下自己的長鬚，然後對阿娥說：「以你的星盤來看，本年子女宮適逢四煞並照，不刑剋已有的子女已算萬幸了，還希望再添丁？」

可是事實擺在眼前，阿娥的確是懷孕了，而且經醫生檢驗過，認為胎位正常，那又如何解釋呢？正是謎一樣的問題也。而且陸伯推算包勝夫婦兩人過去的事，與上次那位斗數名家所說的可說完全相同，那麼前事既然準確，接着而來的事情不可能完全不驗吧！

最後還是包勝口直心直，直截對陸伯說出自己的太太阿娥已經有孕，如果順利生產的話，那麼「獨子足可興家」就不準了，那將如何解釋呢？

包勝的說話，果然使陸伯躊躇了好一會。陸伯到底是老江湖，他想了一會後對包勝說：「你太太此胎如果是女兒，那麼你的兒子仍算是獨子。」但不一刻，陸伯覺得不對勁，立即十分斬釘截鐵的對包勝說：「不可能，不可能，子女宮四煞並照，如何會添兒女的？不論生男或生女，都不可能！」

至此阿娥怯怯地問陸伯說：「我唇上本來有痣的，現已脫去，是否有助改變子女數目？」

陸伯沉思片刻，終於向包勝夫婦提出一個建議。

求助風水

陸伯認為阿娥既然命中只有一子，如今又竟在四煞並照子女宮之時懷孕，確是有點古怪，在百思不得其解之下對包勝夫婦說：「算命是命中如此就是如此，並無妥協的餘地的。」說到這裏陸伯燃點着一根香煙，吸了一口，喝了一口茶，然後向包勝夫婦提出一個建議。陸伯說：「在目前無法解釋的情況下，只有勉強說可能是祖先的積德，讓你多一名兒女。你信也好，不信也好，總要想法保護胎兒的，這點你必定同意吧。」

包勝夫婦連連點頭，表示同意陸伯的意見。陸伯隨即接着說：「當今之計，我認為你們應找一位風水先生看一下家宅風水，以保家中各人和胎兒的平安。」

陸伯是否洞悉其中的天機沒有人知道，但他這個建議卻是很對的。包勝夫婦亦接納他的建議，並問陸伯是否可以介紹風水先生給他們。

終於陸伯介紹和安排了一位張師傅為包勝看家宅風水。

到這裏先行打住，回頭說一下包勝的住宅風水。前文說過包勝夫婦是住在九龍郊區一個小山丘的一座獨立洋房，房子是六運坐子向午，有山脈由西邊伸展至西南方而止，遠眺前方可見水口，屋的入門在背後的正北方，主人睡房的房門開在東南方。

懂玄空學的讀者，根據理數，已可知居住在此屋內主人的許多事情。此宅的巒頭既有山脈由西邊伸展至西南方，即由兑宮伸展至坤宮，以飛星數而言是為八四及四八，是為山風相值，《玄空秘旨》有云：「山風值而泉石膏肓」，主人孤芳自賞，所以包勝雖是生意人，卻有點藝術家的自傲氣質。雙六到向而向前見水，大門入口在北方則為五七相值，在七運時為旺門，故包勝財氣不弱，但性情躁和煩事亦多。但主人睡房的房門卻在東南方，是為巽宮門，飛星數為一二，亦算坎流坤位，《玄機賦》云：「坎流坤位，買臣常遭賤婦之羞。」但阿娥怎麼會算是賤婦，如何解釋？

在舊日的封建時代，男權至上，女性地位低微，不要說為妻子的欺負丈夫，就算只是做丈夫的對妻子言聽計從，在大家庭中老一輩的人也會覺得不是味道。

所以，讀古書一定要知所修正，以前婦人主意太多已是不受歡迎的，更遑論是丈夫畏之如虎或畏之幾分。稱之為賤婦只是封建時代的觀點，在現今的社會，情形當然大為不同了。

在紫微斗數上也有同樣情況，古書云「武曲星不宜女命」，其實也是因為武曲星守命的女性，主意較多，古書稱之為「婦奪夫權」。但在今天，不少武曲星守命的女性是女強人，情況已迥異了。

而《玄機賦》在「坎流坤位」上用朱買臣為例，似嫌堆砌，卻是暗示夫婦有分離的危機，但其實是要看在哪一個方位的坎流坤位和住在其中的夫妻是屬於甚麼命卦。有時甚至如果妻子年紀比丈夫大，或妻子家勢比丈夫好，都可以避過分離這一關。不過無論如何，妻子主意較多是無可避免之事，而丈夫怕太太三分或讓太太幾分，亦屬必然的事！

包勝與阿娥情況就是這樣，阿娥是個短小精悍型的女人，主意較多，亦吻合武曲星守命的性格。而他們居住的房子，睡房門是「坎流坤位」，所以包勝處處讓她三分，當然亦會有人說包勝是怕老婆的人，或譏之「畏妻如虎」，但不能如古書的觀點認為阿娥是賤婦也！

言歸正傳，張師傅是一位頗有功力的風水先生，年紀已接近七十歲，身材矮小，穿唐裝衫褲及足登布鞋。張師傅在江湖上名氣甚響，但架子大，有「三不做」之稱，等閒人不易請到他看風水。那天他是在陸伯的介紹下才接下這樁生意。包勝夫婦對張師傅自然執禮甚恭。張師傅在包勝的家居觀看一番後，再到室外拿出羅盤來測量，並站在門外看外邊的景色頗久，一邊又在掐指計算，最後到孩子的睡房去看。終於，張師傅問了包勝一個問題，卻把包勝嚇了一跳。

張師傅在張勝兒子的睡房觀看了一會後，就對包勝說：「你兒子常常跌傷或弄傷手腳，上個月又跌了一跤頗嚴重的，對吧？」

張師傅這一問，確把包勝嚇了一跳，怎麼這人說話有若神仙未卜先知似的？而且當時兒子並不在睡房內，由傭人帶了他去住在隔壁的婆婆家裏玩，可見張師傅並不是見到包勝兒子身上有傷痕而瞎猜的。包勝佩服之餘點頭說：「對的，不知何解，我兒子真的常常無故跌傷的！上個月從樓梯跌下來，幾乎跌斷了鼻樑。」

張師傅其實是在引證自己的計算有沒有錯誤，他見初步計算準確了，便又再掐指細算，不一刻，他又對包勝說：「依我看，下個月你的兒子還有一險，而且比以前多次跌的情況更險的！」

包勝聽張師傅這一說，心情就更為緊張，便急急毫不思索的追問張師傅有何解救的辦法。還是阿娥比包勝鎮定，她輕拉一下包勝的衣袖，然後對張師傅說：「我們到客廳去坐下細談吧。」三人在客廳坐下，傭人再奉上香茗後，包勝已迫不及待的問張師傅，此屋是否風水有問題、為甚麼孩子常跌傷、有何解救的辦法、是否需要搬家等。

解拆方法

張師傅喝了口茶，把羅盤放回皮篋裏，然後解答包勝所提出的問題。張師傅對着包勝與阿娥說：「此屋風水其實不壞，財氣亦旺，只是有些瑕疵需要彌補一下，你且用紙筆一一記下來。如能依我教你的辦法一一照做，我相信問題可以迎刃而解，不必搬家。」

阿娥果然迅速的跑去書房拿來紙筆，以備記錄張師傅教他們要做的事。

張師傅稍一思索，便開始對包勝與阿娥說：「此屋前面草坪，宜加一噴水池，大門入口處亦宜養一缸魚，缸的大小雖不論，但不宜太小，魚的數目亦無所謂。主人睡房的門楣上宜掛一金色的時鐘。至於兒子的睡房，因要解決跌傷的問題，便要雙管齊下……」

張師傅建議在包勝兒子睡房的入門處加鋪一張紅色的地毯，另外屋的西至西南方的窗口，本來用湖水綠色窗簾的，現在都要改用紅色的。

但張師傅最後提出，紅色的地毯和窗簾等東西，要等屋前的噴水池建好，以及大門入口處養了魚之後才可增加上去。

懂玄空學的讀者大概都明白張師傅所用之解拆方法，全部是根據「正五行」的。

屋前加噴水池與大門入口處養魚，是為防止雙六到向所引致的交劍煞，是以水洩金的道理。主人睡房門楣上加一金色的時鐘，目的是化解二與一所形成的坎流坤位。兒子睡房的房門由於在坤宮（西南方），是為四八到門，既不利少男亦易弄傷手，蓋木剋土也，故以紅地毯化解，道理是木生火、火生土也。而屋的西至西南方窗戶的窗簾改用紅色，亦同屬此道理。

張師傅教包勝夫婦所有的方法，全部是有根有據的，而包勝夫婦自然是一一照做了。

當時是在一九八八年戊辰年秋天，包勝夫婦本來是十分相信張師傅的。但可惜阿娥那年特別多病，大概當年是飛星「三」到中，「二」再到主人睡房門的關係，但包勝夫婦當然不明白這點。到他們夫婦兩人一切都依照張師傅所教，全部做妥後，而阿娥仍然常常生病，而且腹中胎兒亦似不甚正常。有一天，他的兒子又不慎弄傷了手，至此，包勝與阿娥漸開始懷疑其中是否有出錯或漏了甚麼東西忘記做。

正是合該有事，一天晚上，包勝與阿娥參加一個朋友的生日宴，席上又有人談起風水掌相等事來。

同席中有一人，膚色黝黑，身材矮小，架金絲眼鏡，個子雖小但聲音卻不小，姓馮，大家都稱他為「小馮」，最是說話多多，自言跟過許多師傅學過多門術數，風水、命理、掌相、占卦幾乎無一不曉。對術數界中人亦批評多多，似是甚為了解各人之功力。突然間他說到張師傅，包勝自然十分留意傾聽。

小人道長

不知道張師傅與小馮有甚麼過不去，小馮在談到張師傅就肆意批評，既指他功力不夠，又指他近來失運，替人看風水經常看錯，又說張師傅患上某種疾病，以致記憶力衰退，直把張師傅說得一無是處。

這些當然是小馮捏造的，其實張師傅在江湖上一直名氣很大，等閒亦不隨便為人看風水。只是小馮本身既屬小人，而所跟的師傅中，亦有人眼紅張師傅的成就，便有意無意間製造一些謠言來攻擊張師傅，以抬高自己的身價。不意小馮攻擊張師傅的說話，同席中人都感到懷疑和有所保留時，偏偏包勝夫婦就聽進耳裏去。小馮不知是否知道包勝夫婦請張師傅看過家居風水，見包勝與阿娥十分留意傾聽自己的說話，便十分得意地再加鹽加醋的大說張師傅的不是。

包勝自請張師傅看過風水，一切依照張師傅的吩咐做妥各項的擺設後，而阿娥仍經常生病，雖僅屬傷風感冒等小病，但因包勝不知道這是飛星「二黑」到睡房門所致，便心裏有所懷疑。再加上兒子日前又不慎弄傷了手，雖然皮外傷，但包勝實在敏感，以為自己有甚麼地方做錯或漏了甚麼東西忘記做，只是沒有懷疑張師傅的功力而已。

現在給小馮的一席話說下來，包勝與阿娥因此果然懷疑是張師傅教錯了他們甚麼東西。當夜兩人回到家裏，心裏老是忐忑不安，以致失眠了一夜。

包勝與阿娥可說完全中了小馮的毒。翌日，夫婦兩人商量一番後，竟想到即晚約小馮相會，請他代占一卦，看看能顯示一些甚麼的問題，以便知所解決。

小馮只是業餘喜歡研究術數，他本身是一間貿易行的東主。當夜包勝與阿娥果然約到小馮。在小馮家裏，三人在書房裏坐下來後，包勝便把自己的心事說出來，希望小馮能為他占一卦以決疑難。

結果小馮占得一卦，是「天地否」卦，「否之匪人」，小馮說是所託非人的意思也！

小馮本來只是一名生意人，早期是讀「番書」的，因此國學根基較淺。但不知如何迷上術數，喜歡在業餘時間免費替人看相算命和占卦等。他是以之作為研究，只可惜功力不足，常常算錯，而對《周易》，亦僅屬一知半解。

他把天地否卦之「否之匪人」解作「所託非人」，自然是解錯了的！

但因為包勝與阿娥同樣是對《周易》毫無認識的，聽小馮說他們「所託非人」，便一下子認為是找錯了人看風水。

小馮更強調古字「匪」與「非」是相通的，使到包勝與阿娥更加相信他的解釋。

命運就是這樣奇怪，當有些事情要發生時，縱有高人指點，但到某個時候，就會神差鬼遣的另有人加以誤導。

包勝與阿娥當夜別過小馮回到家裏後，兩人商量到深夜，如何解決這次「所託非人」的問題。包勝認為應另請高明的風水先生再看一次風水，但應該請誰人才對呢？夫婦兩人都無法決定，也不知道該請誰人才對。

但阿娥卻認為，既然上次是「所託非人」，那麼張師傅所教的方法必然是錯誤的了，那麼先把所有的東西拆下來，讓它恢復原狀再說。

他們夫婦兩人都不知道，小馮占的卦其實是準的，只是小馮的解釋錯誤而已。

他們把張師傅教他們的東西全部拆下來不用，如取消屋前草坪的噴水池，除去鋪在兒子睡房門前的紅地毯等，正是合了「否卦」所說的「否之匪人」也。

「否之匪人」的解釋應該是「不用賢人，貶斥賢人」，而「否」者，閉也，塞也，閉塞賢人使不通，是為否之非其人也。

這個卦可說完全吻合了包勝夫婦的所作所為。而且否卦是內陰而外陽，內小人而外君子，小人道長，君子道消，何其吻合也。

結果，包勝與阿娥把張師傅教他們的東西全部取消後，不夠一個月，家裏就發生了既驚險而又怪異的事。

不祥之兆

包勝與阿娥都是喜歡打網球的，在過去每逢星期天，包勝與阿娥都會約同三五知己，一同去打網球。但自從阿娥有了身孕之後，為了安全起見，便沒有再作任何劇烈的運動，這自然包括網球在內。

但包勝卻是十分熱衷於網球運動的，所以在阿娥不再打網球後，他依然會在星期天聯同三五知己到網球場上去的。

話説有一個星期天，包勝去了打網球，阿娥則留在家裏弄兒為樂。他們的兒子阿超年僅三歲，甚為活潑及精乖伶俐。到下午時分，阿娥覺得很累，便吩咐女傭阿梅帶阿超去玩，自己則回睡房去午睡。

朦朧中，阿娥夢見一個頭上長有紅色角的人，穿着十分緊身的衣服，站在阿娥面前似有需索。但阿娥給他甚麼東西都不要，只是一邊用手指着阿娥的肚子，一邊在搖頭。不一刻，轉身離去，手中卻多了一個布囊，布囊裏似有物在蠕動。接着這人愈走愈遠，消失在阿娥的夢境中，但阿娥卻隱約聽見有人在唱：「高凳一張，兩人爭坐，一人得手，一人遭殃！」隨着笑聲四起，也不知來自何方。

阿娥驟然醒來，發覺自己出了一身冷汗，夢境依稀尚記得。她坐起來靠在牀背上，慢慢回憶夢裏之事，心裏有一種不祥的預兆。

過了十餘分鐘，阿娥起來坐在梳妝枱前，從鏡裏看到自己的顏容，總覺得有些甚麼不妥似的，當然她是不懂得看自己的氣色。

阿娥的睡房是在二樓的，從睡房的窗口望出去，可見一片蒼翠的遠山。本來在秋高氣爽的季節，風景頗不錯的，但阿娥不知何解，連日心中總是有點忐忑不安，自然也無心欣賞風景。

她望着梳妝枱的鏡子，輕輕的梳理一下頭髮，然後跑進浴室去，準備洗個澡。就在這個時候她忽然聽到女傭阿梅在二樓的小廳上高嚷阿超的名字，嚇得阿娥急急出去一看究竟。

女傭阿梅在四處找尋阿超，一邊找一邊高叫「超仔」不絕。阿娥在睡房聽見了阿梅在高嚷超仔的名字，知道事情有點不尋常，便急急走出客廳去一看究竟。

女傭阿梅本來是在二樓的小客廳裏陪着超仔玩的。但不知怎的一轉眼不見了超仔，初時以為超仔惡作劇躲在甚麼地方，但找了一番不見後，阿梅心急了，便在二樓各處去找，一邊找一邊高叫超仔的名字。

到阿娥聞聲走到客廳一看究竟時，阿梅便把失去超仔的事說出來。阿娥大感奇怪，怎麼超仔會在客廳中好端端地玩耍，忽然間卻會失去蹤影的？

阿娥心跳不斷加促，脾氣一下子就上來了，怒罵阿梅怎樣看管孩子的，連孩子怎樣失去也不知道。阿梅給女主人一罵，當堂汗大如豆，但因自知也有不是之處，便不敢作聲。

就在阿娥與阿梅不知道所措的時候，樓下的另一位女傭阿歡卻在高叫：「怎麼超仔會在這裏的？」

阿娥與阿梅聞聲，便三步併作兩步趕到樓下去一看究竟，結果發現超仔卧在一個紙皮盒上，頭上有血絲流出，手腳亦有傷痕。

阿娥抬頭上望，一下子她明白過來了，敢情是超仔在二樓玩耍時，乘女傭阿梅一時不察，爬過了矮欄杆，或從欄杆的隙縫中爬出來，結果跌到樓下去。而最奇怪的是，在超仔跌下的地方，不知何時有人放一個紙皮盒在那裏，超仔就不偏不斜的跌進紙皮盒中。

阿娥急急抱起超仔，見超仔暈了過去，便把超仔交到阿梅手上。阿娥確是不脫女強人本色，連電話也不打，一邊囑咐女傭阿歡找藥油來救醒超仔，一邊到車房去開車出來，迅速的示意阿梅抱超仔上車，直向附近醫院駛去。

事有蹊蹺

到了醫院的急症室，阿娥把超仔的情況一一告知了醫生，説他是從二樓跌到地下去的，頭部與手腳俱有傷痕，不知傷勢如何。但醫生經過一番檢驗後，認為事有蹊蹺！

醫生對阿娥說，超仔所受的只是皮外傷，並無大礙。但就因為超仔的傷勢並不似是從二樓跌到樓下受傷的，所以醫生心中起了懷疑，以為事有蹊蹺，可能是阿娥不知實情又或者是說謊。

所以醫生就請阿娥到自己的寫字枱前坐下，然後問阿娥說：「你是超仔的親生母親吧？」阿娥見醫生這麼一問，有點愕然，也不知道醫生為何有此一問，只好點頭答道：「對的，我是超仔的親生母親。」

醫生接着又問阿娥丈夫的職業等，問了一大堆看似來是無關重要的問題。終於醫生十分鄭重的對阿娥說：「你說超仔是從二樓跌到地下去，我有點不大相信。通常一個年僅三歲的孩子，從這麼高的地方跌到地下去，不可能只是受到皮外傷的！」

阿娥至此才知道醫生剛才為甚麼問了她一大堆的問題，原來是懷疑自己說謊。便招手叫女傭阿梅到自己身旁，指着阿梅對醫生說：「意外發生前，是由她看管和陪着超仔玩耍的，超仔怎樣從二樓跌到地下去，你問她好了。」

結果阿梅便把午間發生的事，再從頭一一的向醫生說清楚。醫生聽了也只是搖頭，心裏老是覺得此事實在離奇。

最後醫生對阿娥說：「你的兒子實在幸運，他之未有跌死，極可能是那紙皮盒救了他。不過縱有紙皮盒墊着，這傷勢也算是十分輕微的了。你現在可以抱孩子回家，我給你一點藥，按時為他敷搽就可以了。」

阿娥至此才鬆了一口氣，由女傭阿梅抱着超仔，一同離開醫院。阿娥甫回到家門，泊好車，包勝就打完網球回來了，他完全不知道剛才超仔在家中發生了一件驚險異常之事。

包勝滿身是汗，正準備去洗澡，阿娥就捉着他告訴他剛才家中發生的事。包勝大吃一驚，連問阿娥幾次：「醫生真的說超仔沒事嗎？」

就在這個時候，阿娥覺得自己身體有異樣的情況出現。

首先阿娥覺得肚子十分不舒服，下體也有異樣的感覺。她撇開包勝跑到洗手間去，卻發現了自己下體在流血，甚似月經來潮的樣子。阿娥若非較早時知道自己有孕，來經倒沒有甚麼可怕，可是現在出現這個情況，自然是把她嚇了一跳了。

阿娥急急的從洗手間走出來，拉着包勝的衣袖，輕聲的在包勝的耳邊說：「我明明是有了身孕的，但現在下體流血，似是月經來潮，奇怪吧。」

包勝聽阿娥這麼說，也覺得奇怪，連忙輕聲的對阿娥說：「不會吧？為甚麼會這樣的？」

阿娥又再對包勝説：「是真的，我還覺得很不舒服呢，這如何是好？」

包勝一方面既關心阿娥的健康，一方面亦關心她腹中的胎兒，所以，他很自然的想到要找醫生為阿娥檢查一下。

這時已是黃昏時候，包勝看一下手錶，知道相熟的李醫生已經下班了，便只有打電話到李醫生家中，希望找他來看阿娥。

果然李醫生是在家中，一下子給包勝找到了，李醫生也答應馬上前來看阿娥到底發生甚麼事。

大約半個鐘頭後，李醫生親自駕車來到包勝的家門，已見包勝站在門口等他。泊好車後，包勝帶李醫生到睡房去看阿娥，因為早前包勝已勸阿娥回房休息，不要四處走動。

李醫生替阿娥把脈、量血壓診治一番後，便皺眉的對包勝説：「嫂夫人身體看來並沒有甚麼問題。但最奇怪的是，她並不似是懷孕。為了安全和找尋確實的答案，我建議你明天送嫂夫人到醫院去詳細檢查一下。」

包勝與阿娥聽李醫生這麼説，都大感奇怪，上月檢查過明明是有孕的，怎麼現在又變成不是懷孕？李醫生離去後，包勝與阿娥自是滿腹疑團，無法解釋。翌日，包勝便依李醫生之言，送阿娥到醫院去檢查一下，所得答案同樣使包勝夫婦百思不得其解。

醫院的檢查報告指出阿娥並沒有懷孕，只是正常的月經來潮，亦非曾經流產。包勝與阿娥至此大惑不解，為甚麼以前醫生檢驗卻說阿娥已懷了孕？而且阿娥本人亦相信自己是懷了孕，因為懷孕婦人的徵兆如嘔吐噁心等，她較早前是全有了。

包勝與阿娥回家後，對此事百思不得其解。為甚麼胎兒會無緣無故消失了的？

阿娥不斷思索，終於她想到不久前有一晚，夢見一個頭上有紅角的小鬼，指着自己的肚子，到轉身離去時，手中多了一個布囊，布囊中似有物在蠕動。她覺得此夢實在古怪，可能提示着一些關鍵性的東西，阿娥把做過這夢的事告訴包勝，他亦覺得其中可能有些古怪。

兩夫婦為了要破解這個疑團，商量了一夜。終於夫婦兩人想到替他們算紫微斗數的陸伯，既是老於江湖和經驗多，亦強調過他們今年不可能添丁，他或者可以提出合理的解釋。

包勝夫婦果然約到陸伯，依時前往，坐下後包勝便把阿娥較早時經過檢驗認為是懷了孕，到後來原來是子虛烏有的事告知陸伯。希望陸伯見識廣，能給他們破解心中的疑團。

陸伯記得自己曾斬釘截鐵的對他們夫婦說，本年度阿娥星盤的子女宮四煞並照，絕不可能添兒女，陸伯為自己的判斷感到自豪，但亦不明白為甚麼阿娥忽然有孕，而不久又說不是懷孕。

阿娥把自己曾經發過一個怪夢之事告訴陸伯，希望陸伯能替她解夢。

但陸伯說，解夢不是他的看家本領，不過說出來大家研究一下也無妨。

阿娥把夢境之事原原本本的告訴了陸伯。陸伯燃點了根香煙，深深的吸了一口，陷入沉思中。接着阿娥又說，她還記得夢中有人唱歌，似是唱甚麼「高凳一張，兩人爭坐」，但歌詞全文忘記了。

至此，陸伯拍案而起說，這就對了！

疑團破解

陸伯說：「我明白了，這是爭凳坐的事！」

包勝與阿娥都不明白甚麼是「爭凳坐」。至此，阿娥又再憶記起夢中聽見有人唱歌，再度記起歌詞的全文是：「高凳一張，兩人爭坐，一人得手，一人遭殃。」阿娥把歌詞的全文告訴陸伯。陸伯又再深深的吸一口煙，以十分肯定的姿態對包勝與阿娥說：「古時的人相信，命中有多少子女，就有多少張凳，凳子高矮代表子女成就。」

「如今你命中只有一名兒子，鐵板神數也算出『莫道香燈無繼，獨子足可興家』，也就是說只有一凳，因為是興家之子，是貴子，所以是高凳。至於說『高凳一張，兩人爭坐』，那是十分明白之事，那是說有兩人爭坐一凳，而『一人得手，一人遭殃』也是十分明白的。如果你的兒子跌死了的話，那麼胎兒會繼續存在。如今你的兒子命大和命硬，那麼胎兒就要消失了，這就是『一人得手，一人遭殃』。」

包勝夫婦聽得瞠目結舌，不知如何應對，呆了好一會，心中有了一陣莫名的恐怖感。疑團雖然似是破解了，但包勝夫婦回到家中後，也心中不快了相當長的時間，對命運有一份無奈的感受。而超仔後來長大成人，讀書聰穎過人，而後來在事業上亦強父勝祖，完全吻合了鐵板神數的「莫道香燈無繼，獨子足可興家」。

這個故事有十分強烈的宿命思想，鐵板神數與紫微斗數也都發揮了它的看家本領。至於占卦，本來亦是準繩的，卻為庸手所誤。同時這個故事亦指出，命運確定後，能改變的程度極小。

本來包勝夫婦已經找到風水名家替他們家居佈局，解拆風水上的瑕疵，但會在不知不覺中有小人出現，誤導了他們夫婦，使他們拆除一切本來是精心佈置的設計，重新陷入舊有的窠臼中。

而最奇怪的是，他們家居風水，如不經改革，與包勝夫婦的命運，有十分奇妙的配合。

八逢九紫？

在包勝故事中的小馮，本身術數造詣低微，卻喜歡攻擊他人來抬高自己，這種人在香港多的是。在香港，習玄空者極多，但真正的高手卻少。在玄空學上，一知半解者最易自以為是，因而在不知不覺之中誤導了他人。

舉例來說，筆者就見過有一間公司，是為六運坐子向午的，走坤宮門，是為「四八」門，公司中有一名職員，曾學過玄空，在七又到門之年，建議在大門上加一盞大紅燈，他的理論是「八逢九紫，喜慶綿綿」，老闆果也聽他話，不料加了紅燈之後，公司中職員扭計日甚，更有高層的重要人物帶領手下人員改投別的公司。

這是千真萬確的事，那位老闆在一個很偶然的機會下認識我，當時他的公司已經問題重重，希望我能告訴他是否風水出了問題。這不過是一九九〇年的事（一入中宮），當時我到他的公司去看，首先就要他拆去大門上那盞大紅燈。而自認懂玄空的夥計當時亦在場，他大不以為然，執拗着這是「八逢九紫，喜慶綿綿」云。

我並非蓄意與他抬槓，除了教老闆拆去紅燈外，還建議在大門口加一小的紅缸噴水池，養不養魚悉聽尊便，但這設計要維持兩年。至此那位夥計更不耐煩，他教老闆用「火」（按紅燈代表火），我卻教老闆用「水」，豈非與他抬槓？從此之後，他也不理公司情況是否因而有所改善，便四處對人説「紫微楊原來是不懂風水學的」。

記得當日那位夥計曾經問過我：「在『四八』大門上加紅燈，算不算是『八逢九紫』。」我答不算，他十分愕然。他追問我何解，我只是笑而不答。我見他讀過玄空的口訣，便反問他那麼走「三九」門的豈非必定大發，蓋口訣中有「棟入南離，驟見廳堂更煥」。他連聲説「對的、對的」，至此我反而不想再説甚麼了！因為我知道他對「玄空」所知還少，而我與他非親非故，無理由把真相告訴他，讓他開竅。

另外還有一宗更妙，是一位自己學習玄空，而自己誤導了自己，卻一直不知何解。

安牀作灶

有一位習玄空學的朋友，飛星的程式總算給他弄妥了，也知道有兼有替。但可惜在如何運用飛星方面，仍然一知半解。他的缺點就是太執拗在現在七運時，凡「七」皆好，皆可用，變成開門最好有「七」到，安牀也求有「七」到，作灶也求有「七」到，「七」變成是萬靈藥方似的。

當然他比那些連「七」是旺星也不知的較為進步，我亦見過有人問「七」是「破軍」，是否應該避而不用?這就實在差得太遠了，如何會願意答他!

那位認為凡「七」皆旺和皆可用的朋友，他住的房子是七運坐坤向艮的，在他自己的意思是取「雙七」到向，旺屋也。開門在兑宮位，是為「六八」到門，固亦甚佳。此屋巒頭雖未盡美，如向前無水，震方有路衝來等，但在理數上已屬可取的了。但這位仁兄卻不懂如何安牀，他把牀安在艮宮位置，以為是「雙七」到牀，應該甚佳。不料這是大錯特錯的，到一九九〇年時更發生撞車浴血之事，他一直不知何解。

這是自己誤導自己的一個最佳例子，許多初學玄空的人都會犯此錯誤的，特別是在牀和安寫字枱方面，許多人研究了玄空多年，卻仍會犯錯誤或覺得不知如何才是對的。

如上述那位朋友，當日他撞車後，曾邀我去看他家宅風水，我就告訴他是安錯了牀，不宜安在艮宮位置，應安在乾宮或坤宮位置才對。

他表現得有點不相信我的樣子，帶點狐疑的態度問我：「乾宮是『五九』，在那裏安牀有甚麼好處？為甚麼『雙七』這個旺位不用？」一連串的問題，如果要給他解答，就要給他上課似的才行。結果，我只有說：「你信我就是了，我不會騙你的，你把牀改安在乾宮位置，一兩個月後你自然會領會到它的好處的了。」最後我再對他說：「如果照你的意思，學玄空也實在太容易了。不是凡『七』皆可用的。有些例子，『雙七』門都棄而不用的，我日後有機會慢慢告訴你吧。」

他果然聽我話，把牀改安在乾宮位置，在以後的日子，他也覺得運氣好了許多，但始終不知何解，亦妙也。

同時不單止七運坐坤向艮的房子不宜安艮宮牀（也即雙七的位置），就算是七運坐午向子的房子，同樣不宜安坎宮牀（也是雙七的位置），都是不取雙七最旺的地方。而且不必論是哪種命主卦的人，都是不取的。

當然七運坐卯向酉的房子，安兑宮牀則是對的，那是在飛星「三七」的位置。在香港，學風水的人極多，但很多人學了多年仍不外如是，主要原因他們被許多錯誤的風水思想誤導。

記得有一次，我參加一個朋友的宴會，席中就有人大談風水，盡是説甚麼東四命的人就應住東西宅，西四命的人就住西四宅。我一言不發在聽他大發議論。

他見我默不作聲，以為我是同意他的理論，他最後竟問我是「東四命」人還是「西四命」人，我答是「西四命」人。他立即十分武斷的説：「那麼你必定是住『西四宅』的，因為你也是研究風水的人。」不料我的答案卻使他十分尷尬，因為我是住「東四宅」的。而且我十分精確的告訴他，我住的房子是七運坐午向子的，以八宅來分是屬於離宅，也就是「東四宅」之一。

還有一次更妙的是，有一位亦學過「玄空」風水學的人，在我搬了新居不久，他來我家探望我，見我安牀在震宮（按那是飛星「五九」所到的地方），便問我為甚麼捨坎宮的旺位不取，亦即不取雙七旺位。

以上兩位朋友，都是醉心於風水學而始終無法登堂入室的，而後者比前者較勝，因為後者已懂飛星。只是對佈局仍茫然無所知而已，而學玄空停在這階段的人最多，能突破這階段自然會進入另一境界，但若無人指點，單靠自己鑽研，則這個突破頗為不易也。

至於作灶方面，則又有另一套的學問，與安牀的方式可說十分不同。一個研究風水的人，能把握到安牀與作灶這兩方面的正確知識，才可說對風水學有一定的認識也。

第三章

分而復合

在說完包勝這個有關子嗣的故事後，現在準備向讀者說一個有關婚姻的奇情故事。

不少人說近數十年來，怨偶與離婚案件增多，是與踏入「六運」及「七運」有關的。（按：「六運」是由一九六四年起至一九八四年止，而「七運」則由一九八四年至二〇〇四年止，合共四十年。本書重新修訂時已在八運。

這倒不能說它是毫無根據的，因為踏入六運之後，「二」「三」都已退氣，而一二組成「坎流坤位」，二三則組成鬥牛煞，都是有礙夫妻感情的。

再加上在六運及七運期間，新建的房子又特別容易碰到六與七合成的「交劍煞」，居住其間的人火氣較猛和性格較躁，在動輒起火的情況下，感情再好也會打個折扣。

所以說踏入六運之後，離婚的案件增加，「交劍煞」是導火線，一點也不出奇的。

以下是一個有關婚姻的奇情故事。

眼紋啓示

在一個初夏的早晨，下着滂沱大雨，雷電交加。在近郊山上有一個涼亭，裏面有兩人在避雨，兩人年齡相若，都是在三十餘歲左右，其中一人頭髮斑白，正是未老髮先白也，頭髮蓋過耳朵，但神采甚佳，另一人則頭髮剪得極短，髮色烏黑，精神奕奕。兩人均身穿白衫短褲，足登白色運動鞋。他們兩人原是朋友，都喜歡晨運，頭髮斑白的姓吳，人稱小吳，另一則姓陳，人稱小陳。那天早上他們在晨運中遇雨，不約而同的到那涼亭避雨。

小吳除了喜歡晨運外，亦習氣功、太極拳等，對術數亦有研究。他是一名中學的國文教師。國學根基不弱，人也健談。

小陳則為一間地產公司的高級職員，只喜歡晨運及游水運動，對術數則一無所知。那天早上兩人不約而同地到同一個地方晨運。他們出門時天剛亮，未料到半小時後就大雨滂沱雷電交加，使他們一同走到涼亭避雨。兩人在雨中的談話，卻觸發起一段奇情的術數故事。

話匣打開，小陳慨嘆天氣之變幻無常，頗有如人之禍福莫測！小陳説這話時忽然想起小吳是對術數有研究的，便很直截了當的問小吳：「人的一生，是否甚麼都注定了的？無可改變的？」這個問題，凡研究術數的人都必定被人問過，是一個最多人提出的問題。

對於這個問題，小吳自亦不陌生，他立即很爽快的答小陳説：「人的一生，大的方向是注定了的，也是無可改變的；但小的方向，則可憑風水、積陰德、讀書等等作適當程度的修正。所謂一命、二運、三風水、四積德、五讀書是對的。」小陳聽了點點頭，接着以好奇的心態問：「那麼你認為哪一門術數在算命上是最準確的？」

小吳確也有點見識，毫不猶豫地答：「中國的術數門派甚多，正是各有所長也各有所短，如鐵板神數與紫微斗數都各有看家本領。」

小吳注視了小陳一會，再要小陳分別給他看左面頰和右面頰，然後笑對小陳說：「以面相論，你眼有魚尾紋且是向下的，要小心在婚姻上有不愉快之事。但我知道你至今仍是未婚的，你不妨去算命，且看命中是否確有婚姻的麻煩，因為命與相是配合的，然後看你是否可憑後天之力予以避免。」

小陳對術數所知甚少，過去亦未嘗算過命，只給一些愛玩的朋友看過掌，但所談也只是一些模稜兩可的事。但這次小吳十分肯定的說他的相是會有婚姻的麻煩，他倒是有興趣去算一次命，且看是否算命的也如小吳所說的一樣。當下他便問小吳，到底去找哪人算命最好呢？小吳思索了一會，便答道：「這樣吧，我介紹一位也是姓吳的大師替你算一次鐵板神數吧，他對六親之事算得挺靈的，且看他如何說你的婚姻。明天你打電話給我，我替你約好時間後與你同去。」

這時雨勢稍歇，陽光漸露。小吳伸手到涼亭外，試探是否還有雨，然後回頭對小陳說：「我們可以回去了，明天記得打電話給我。」

初算神數

小吳與小陳下山後，分別各自回公司去。

翌日，小陳正欲打電話給小吳，看他有沒有約到那位鐵板神數大師，小吳已有電話來，並說那位算鐵板神數的吳大師給足面子，特別安排後天晚上在寓所替他算，以方便他們兩人不必請假。到了那天晚上，小吳與小陳相約先到附近一間餐廳晚飯，飯後才一同到吳大師那裏去。在晚飯期間，小吳灌輸了給小陳許多術數的知識，小陳聽來津津有味。

時屆，兩人聯袂到吳大師的寓所去，按門鈴後，一白衣黑褲的女傭啓門，兩人報上姓名及道明來意後，女傭引領他們到客廳坐下。小陳游目四顧，見客廳掛有幾幅古畫，配合廳中的酸枝傢俬，頗有氣派。

不久，吳大師出來，是一個瘦削和個子矮小的老頭子，年齡看來接近七十歲，鬚眉皆白，身穿白恤衫西褲，足登拖鞋，精神看來甚好。小吳一見吳大師出來，馬上站起來迎上去與他握手，顯得十分熟落的樣子，隨即介紹小陳給吳大師認識。

寒暄一番後，吳大師便帶領他們二人到書房去。吳大師的書房也佈置得十分古雅，書架上放有不少的線裝書，牆上掛有一幅仿製的「清明上河圖」，一張頗大的酸枝書桌，一排的放有十二本鐵板神數籤文。

小吳與小陳坐定後，吳大師隨即在書桌下取出一個頗大的算盤出來，輕輕的撥弄幾下算珠，然後對小陳說：「鐵板神數是每個時辰分為八刻，每刻十五分，所以縱使是同時辰出生，也有一百二十個不同的運造，所以要先考查出生的刻分。」

這個問題小吳在晚飯時對小陳說過，小陳是已經知道的，所以吳大師一說時分八刻，他已馬上點頭。

小陳在報上自己出生的年月日及時辰後，吳大師先替他起了四柱八字，沉思一會，慢慢撥弄算盤，開始考刻，但第一條數打出來，小陳翻查條文，卻給它嚇了一跳。

小陳一看條文，竟是「自殺三次，閻王不收」，暗中吃了一驚之後，心中在嘀咕：不知這個吳大師是開玩笑還是惡作劇，我何嘗自殺過三次。但小陳定一定神後，心中有點不是味道，便反問吳大師：「這是自殺三次，是說我過去曾經自殺，或者是說我將來會自殺呢？」

吳大師答道：「若過去未嘗自殺，則你不是此刻分生人，再看第二條數便是。」

吳大師又在撥弄算盤，不一刻，又打出一條數，且隨口說出號碼「三五七八」，小陳翻看條文，是「一母一母又一母，前有母，後有母。」小陳又再搖頭說不對，並對吳大師說：「據我所知，我父親是生活嚴肅的人，不是風流成性的人，所以我肯定我只有一個母親。」

許多人算鐵板神數，都會如小陳那樣，看條文不對後，便接着有許多話說，一些功力較淺者，便可從中得到許多消息。如剛才小陳的說話，他已在不知不覺中吐露了許多真相。如第一他說到父親時，用「據我所知」這句說話，聰明的人已可猜到許多東西。同時這條條文亦已考出小陳只有一個母親，而且小陳亦親口說出來。接着吳大師再打出一條條文，小陳翻看是「兄弟三人，一入空門」。

小陳立即答道：「不錯，我兄弟連我是三個，但沒有人入空門。」

小陳又直截吐露自己是兄弟三人，不過幸而吳大師並不是靠這樣套口供的。

吳大師又再低頭撥弄算盤，這次算了很久，才打出一條數，小陳翻看是「父故於水年，母尚猶茂方合」。

小陳想了一會答道：「我父親在我二十五歲之年去世，但我不知是否水年。」

吳大師在掐指計算，然後對小陳說：「不對，那年是金年。」

接着吳大師又在撥弄算盤，不一刻，又打出一條數，小陳翻看是「花前曾囓臂，月下早盟心」。小陳看後，嘆了口氣，一時間竟不知如何作答。

切合籤文

小陳因為早年曾有一段刻骨銘心的戀愛，雖然後來勞燕分飛，但小陳始終念念不忘，所以他一看到「花前曾囓臂，月下早盟心」這條籤文，心中有了很大的感觸。

小陳默然了好一會，然後問吳大師說：「不錯，早年我曾與一女子相戀數年，後來分開了，但從沒有結婚，這條籤文算中還是不中？」

吳大師考慮了一會後答道：「這條籤文算是中的了！」吳大師確算有點功力，就這樣確定了小陳的出生刻分，不再考下去，然後對小陳說：「現在從頭開始，我打出號碼，你翻查籤文便是。」小陳唯唯諾諾。

結果吳大師接二連三的打出許多條籤文號碼，小陳在翻查時，心中暗暗吃驚，怎麼會有這麼準確的術數？

以下就是小陳所得的籤文：

- 北堂萱草得長年，風折椿枝定在先。
- 父屬牛，母屬兔。
- 父無多娶，家門之幸。
- 兄弟三人，數中預注。
- 生平唯仗義，素性本輕財。
- 少年牛刀小試，漸見光芒。
- 祖業不靠，白手成家。

小陳翻到這裏，已覺甚準，接着而來的籤文是：

- 一字記之曰四，住不得。
- 一字記之曰芬，戀不得。
- 配妻忌鼠，哭笑不得。

以上三條籤文，對小陳來說都是屬警惕性的條文，但第三條「配妻忌鼠，哭笑不得」，小陳就不得不特別緊記在心裏。

接着吳大師再打出多條的條文，只是小陳看來已覺不重要，且是日後太遠之事。小陳抄完整份批章後就與小吳謝過吳大師離去。

在電梯裏，小陳輕聲的對小吳說：「鐵板神數確有本領，而『一字記之曰芬』及『一字記之曰四』這兩條籤文是中了的。」接着小陳說出去年發生的一件事，十分切合籤文！

這時電梯已到了樓下，他們兩人走到街上等的士。小陳繼續對小吳說，去年初他搬了新居，地址門牌剛好是四號，同時更是住在四樓，結果住了幾個月，覺得許多事都不順利，年底時有一宗很大的地產生意，眼看成功了，不知怎的又告吹了。隨着更患了腸胃炎，要入院留醫，出院後愈想愈不對勁，便急急搬家，搬到現時居住的地方，運氣才漸覺好轉。

小吳一邊在聽一邊在點頭。

小陳接着又說，去年確是事事都不順利，包括戀愛方面亦然，去年中時他認識了一位女子，外貌頗清純，不料卻是曾墮風塵的。

小陳嘆口氣說：「曾墮風塵倒也不重要，人好便是了。但在認識了個多月後，那女子有一天說，家中有要事，急需三萬元應急。我以朋友有通財之義，便借了三萬元給她。正是無巧不成話，翌日我有要事要去澳門，辦完事後到賭場去逛一逛，剛好從遠處瞥見到她在賭桌上呼盧喝雉，而且注碼甚大。」

小陳說到這裏，一部的士駛到面前停下，兩人上了的士。

這時已是夜深了，小陳在車上問小吳，是否有興趣去宵夜。小吳推說不去了，並說明早約了朋友一同去晨運，不想睡得太晚。

小陳點點頭，然後說：「我先送你回去吧。」

小吳這時候卻有興趣繼續聽小陳的故事，便問道：「後來那女子怎樣了？」

小陳見小吳有興趣繼續聽，便也樂於繼續說下去。小陳說：「說也奇怪，那女子的名字中是有一個『芬』字的。而她一直不知道我曾在賭場發現她。我設法與她疏遠時，她亦曾再巧立名目地向我借錢。結果怎樣我不說你也應該知道了。」

小陳頓一頓後，嘆口氣說：「命中之奇，有如是者。一字記之曰四，住不得；一字記之曰芬，戀不得。這不是已全中了？」小陳很自然的想起「配妻忌鼠」之籤文，便問小吳道：「配妻忌鼠是否可防範或者避過的？」

不料小吳答道：「這個不用鐵板神數，我早就看出來了。」小陳大奇。

配妻忌鼠

小陳問小吳，如何未算鐵板神數已知他是配妻忌鼠？難道是吃飯神仙乎！

小吳不急不忙的答道：「我並不是吃飯神仙，我也不懂鐵板神算，不過我是追隨名師學過『子平』之學的，所以當吳大師排出你的四柱八字時，我一看就有這感覺。」

小陳是不懂術數的，聽小吳這麼說，倒感覺奇怪，便打斷小吳的說話問道：「難道『子平』比鐵板神算更勝一籌？」

小吳到底是追隨過名師，本身是國文教師，國學根基不弱，加上好讀書，所以在術數成就方面層次雖然不高，卻是有見識的。當下他答小陳道：「中國各門術數，很多時會有異途同歸之象，所以有時鐵板神數能算到的東西，『子平』可以算到，紫微斗數也可算到，甚至多門術數亦能算到，並無所謂是誰勝過誰，最多只能說各有所長亦各有所短。所以若能精通多門術數，互補短長，自然如虎添翼。」

小吳說到這裏，稍為思索一下，然後繼續對小陳說：「在『子平』學中，其實蘊藏有許多『寶藏』不為人知的，據我的師傅對我說，精通『子平』的話，同樣可以查出許多鐵板神數要知的東西。」

「舉例來說，你的『四柱八字』，在吳大師替你排出來之後，我在一旁已發覺，你的『八字』是忌水的，剛好『八字』中有『申辰』兩字，那麼若有『子』字配上去，那麼就變成『申子辰』三合會成水局，這個忌神的威力就自然加大了。」

「所以說若你娶一位生肖屬鼠，也即『子』年生人的女子為妻，與本身八字配成『申子辰』水局，那自然大大不宜，犯了大忌了。這些是在一般『子平』書籍不載的，我聽師傅說過便緊記在心，當日吳大師排了你的四柱八字，我馬上有『配妻忌鼠』的感覺。不料吳大師替你打出幾條數後，接着果然有『配妻忌鼠，哭笑不得』的籤文出現，可說是『子平』與鐵板神數異途同歸也。」

小吳接着又說：「但看情形，你無可避免，終於還是會娶一位生肖屬鼠的女子。」

小陳在搔頭，急急的追問原因。

小吳慢條斯理地對小陳說：「從你的四柱八字來看，從你面相上來看，加上鐵板神數用上『哭笑不得』四字，我估計你必定在鬼遣神差之下，娶了一位生肖屬鼠的女子。」

小陳始終不明白，反問小吳道：「以後我如果與任何女子交往，在有機會談戀愛之前，先查探一下她生肖是屬甚麼的不就行了？如果是生肖屬鼠的，我自然懂得避之則吉。」

小吳笑問小陳：「你知道哪幾年出生是生肖屬鼠的嗎？」小陳反應甚快，馬上回應說：「對，你告訴我吧。」

小吳在術數層次上雖然不高，卻實在追隨過名師，有點根基，當下他便對小陳說：「若從適合與你婚配年齡來看，最可能是一九六〇年生的鼠女，因為一九七二年的鼠女太小，而一九四八年生的鼠女太大也。」

小陳聽小吳這麼說，顯得頗有把握的對小吳說：「這還不容易，只要是一九六〇年生的女子，就算她美如天仙，我都避之則吉便是。」

小吳微笑的說：「好吧，騎驢子看書，走着瞧吧。」

說到這裏，的士剛好駛到小吳家門，小吳對小陳說：「我到了，謝謝你送我，日後有甚麼術數上的疑問，歡迎你在晨運時問我或打電話給我。」

當夜小陳回到家裏，因為已是夜深，洗過澡後便馬上上牀睡覺，但不知怎的總是無法睡得着，「配妻忌鼠，哭笑不得」這八個字總是縈繞在腦海裏。

翌日，小陳返回地產公司上班，但可能夜來睡得不穩，顯得無精打采，拿張白紙放在桌上胡亂塗寫。也忽然想起何不畫隻米奇老鼠壓在書桌玻璃下，提高警惕？結果他一連畫了幾隻米奇老鼠，一隻壓在書桌玻璃下，其他的帶回家去，一些放在皮包裏，一些則貼在當眼處。

時光荏苒，轉眼過了三年。在這三年中，小陳確是處處規避生肖屬鼠的女子，連偶然應酬人客涉足歡場，也問那些「小姐」的生肖。

可是到了第四年，小陳的「封鎖線」卻離奇地給破壞了。

巧遇佳人

到了第四年那年，一天上午小陳被公司派到澳門去洽商一宗生意，是準備收購幾間舊屋來拆卸改建。在談判的對手中，有一名女子，個子頗高，身材健美，樣子有點像混血兒，據稱是代表其中一間舊屋的業主，大家都稱她韓小姐。

但小陳的公司這次的收購行動並不成功，因為其中有一間舊樓的業主開天殺價，以致僅談了一小時多便散會了！

談判失敗了，小陳本來打算立即乘噴射船回港。小陳看看手錶，才不過是上午十一時半，便打個長途電話回香港公司報告談判結果，不料在電話中，公司一位董事說他剛知道澳門另有幾間相連的屋準備出售，要小陳順道去看看，下午或晚上才回港也不遲。

小陳依公司所說的地址前往，抵埗後原來是幾間三層高的舊樓，小陳站在馬路上看了一會，然後在環繞舊樓的馬路走了一圈，察看該處地勢和了解一下附近的環境。

最後小陳拿出攝影機來拍了照，正準備離去時，卻見到早上開會時有份參與的韓小姐迎面走過來，她見到小陳時微笑點頭，小陳亦報以微笑點頭，算是打個招呼，大家也無對話。韓小姐走過後，小陳不知被甚麼東西吸引了他，使他一再回頭望韓小姐的背影，直至韓小姐走遠了，才定一定神，看看手錶，見時間不早了，便截了部的士到碼頭去，準備回港。

那天並非公眾假期，但奇怪的是碼頭上人頭湧湧。小陳到噴射船的售票處去購票，只能買到晚上七時許的船票。

小陳望一下碼頭上的掛鐘，見還有差不多兩個小時才能登船，這時感到肚子有點餓，心想何不趁這段時間先吃點東西？主意既定，小陳便跑到附近的一家西餐廳去吃東西，既填飽肚子也可消磨時間。到小陳見時間差不多，正準備結賬離去時，赫然發現韓小姐就坐在不遠處。小陳結賬離去，她也結賬離去，小陳向碼頭走去，而韓小姐又亦步亦趨地在後面跟着他。

小陳上了船，根據號碼找到自己的座位坐下後，不久，又見韓小姐上了船，拿着船票在找自己的座位。正是萬二分湊巧，韓小姐的座位，原來就是與小陳相鄰的座位。

韓小姐坐下後，小陳半開玩笑的對韓小姐說：「與你真是有緣，今天早上遇到你之後，中午時又遇到你，到現在乘船回港，不單只同船，而且還同座位。如果我做了甚麼虧心事，可能誤以為你是被人派來跟蹤我的。」說罷大笑。韓小姐瞧了小陳一眼，覺得小陳與早上開會時判若兩人。

小陳本來也不是口舌便給的人，但不知是命運在暗中作弄他還是甚麼關係，使到他見到韓小姐時，好像變了另外一個人似的。小陳見韓小姐默不作聲，便在想辦法打開她的話匣子。這時，船已開航了，有人推着車子賣香煙糖果等物經過小陳身旁。

小陳便故意問韓小姐是否要香煙或汽水，韓小姐搖搖頭，仍不作聲。

這時小陳見韓小姐從皮包裏拿出一本書來看，小陳瞥一眼，見那是有關陶藝的書籍。

至此，小陳便把握機會對韓小姐說：「啊，原來你是喜歡研究陶藝的。去年我到過石灣，那裏有一位十分有名的陶藝大師姓梅，我也認識他。」

果然一擊即中，韓小姐這時開腔了，只是十分直截了當的問小陳：「你也懂陶藝的嗎？」

小陳其實是不懂陶藝的，這時也不知怎答她好。終於靈機一觸，十分圓滑的說：「陶藝我是不懂的，但我喜歡欣賞陶藝的作品。」韓小姐聽他這麼說，也只是啊的一聲。又在低頭看她的書籍。不一會，韓小姐忽然好像想起甚麼似的，問小陳道：「你說你認識梅大師，你有他的作品嗎？」

小陳連連點頭，並說有一件「鍾馗」，是梅大師的精心之作，栩栩如生，千金不易。

就這樣，憑陶藝這話題，小陳打開了韓小姐的話匣！

女用男名

小陳在皮包裏摸出一張自己的名片，隨手遞給韓小姐說：「上面有我的電話和地址，你有空想看梅大師的作品的話，歡迎你打電話給我。」韓小姐點點頭，隨即也在皮包裏找自己的名片，終於找到了一張，遞給了小陳。小陳一看，啞然失笑。對韓小姐說：「你不是給錯了別人的名片給我吧？」

韓小姐聞語瞪了小陳一眼，頗有不悅之色。

小陳急忙道：「這名片上的名字是韓世勳，那不是男人的名字嗎？」

韓小姐默然了一會，忽然側身對小陳說：「政府有規定女人不許取男性化的名字嗎？」

韓小姐說這話時，顯然帶點刁蠻的態度。

小陳急急說：「不是，不是，我好奇而已。」

小陳被韓小姐搶白過後，反而覺得她頗有性格，心裏且覺得這位韓小姐不錯。不一刻，小陳有心逗韓小姐說話，便又硬着頭皮：「你的名字是你父親給你取的，還是你自己取的？」

韓小姐沒有立即回答，又再帶點不悅之色反問小陳：「你研究姓名學嗎？」

小陳這時的表情頗怪，有點近乎尷尬的樣子，韓小姐都看在眼裏。兩人相對無言了一會，還是小陳說：「很抱歉，你覺得我太『八卦』吧！我不再問你這些東西就是了。」說完這話小陳就把頭靠在椅背上假寐，果然不再說話。韓小姐到底是聰明人，眼看局面有點僵化，反過來問小陳：「你很累嗎？」

小陳見韓小姐說話，立即又再坐直身子，很快答道：「不累，不累。」

這時船已航行至中途，剛巧遇到點風浪，船身輕微的顛簸了一下，卻使兩人的身子幾乎相碰。韓小姐輕撥一下亂了的頭髮，問小陳道：「你真想知道我的名字為甚麼那麼男性化嗎？」小陳點點頭，其實小陳並非那麼好奇，他早前目的不過是拉韓小姐說話而已。結果，韓小姐說：「好吧，告訴你吧。」

韓小姐對小陳說，在她出生前，她父親極希望她是個男的，所以先定了一個男性的名字，主要原因當然因為頭兩胎都是女的，希望藉此而一舉得男，就算不是男的，也希望因此而帶來一個弟弟。

韓小姐這樣說，無形中是告訴了小陳她有兩位姊姊，也說明了她名字男性化的原因，只是尚有一個天大的秘密沒有說出來。

小陳問韓小姐道：「你是澳門出生的嗎？」

韓小姐又再整一下頭髮然後說：「你為甚麼會這樣問的？」小陳毫不猶豫的答道：「因為你代表澳門一幢樓的業主出售樓宇。」

韓小姐不說話時倒不覺得她怎樣，但說起話來辭鋒倒也銳利，偶然且有咄咄迫人的姿態，當下就對小陳道：「代表澳門一幢樓的業主出售樓宇，就必定是澳門出生的嗎？」

小陳被韓小姐連番的搶白，不知是否注定是冤家，心裏一點反感也沒有，反而怯怯的說：「我並不是這個意思，只是覺得你可能是澳門人而已。」

人與人之間的緣份有時確是很難說的。小陳若非到澳門開會，肯定不會遇到韓小姐，若非公司再派他察看另一些樓宇及買船票時遇到阻延，亦不會與韓小姐同船回港。

有緣的時候甚麼都可讓幾分，如韓小姐對小陳連番搶白，小陳心裏覺得韓小姐有性格。不是冤家不聚頭，有時確是有點道理的。而韓小姐雖然看來性格倔強，言辭逼人，但心底對小陳的印象是不錯的。

韓小姐終於對小陳說：「澳門那幢樓宇，其實是我姑媽的。她因為年邁，簽了授權書讓我代表她出席而已，而我本人是在香港出生，在香港受教育。這個答案夠詳細了吧？」

這時船已開始入港口，小陳把握機會，對韓小姐說：「明天晚上如果你有空，我們可以一起晚飯，然後到我家看梅大師的作品。」

韓小姐點點頭。

不久，船開始泊岸。

小陳用刺探式的口吻問韓小姐道：「有人來接你船嗎？」

韓小姐十分直截了當的答道：「沒有。」

小陳隨即打蛇隨棍上的說：「那麼我送你回家吧，你住在港島還是九龍？」

韓小姐答道：「九龍。」

小陳道：「那太好了，我也住在九龍……。」小陳正有話想再問韓小姐，但半途把話縮回去了，怕的自然又是韓小姐再搶白他。當夜小陳送了韓小姐回家後，自己亦逕自回家去，小陳的父親已經去世多年，母親則與大哥同住。小陳孤家寡人住在一間半新不舊的洋房裏，只僱用一位鐘點女傭每天來替他清潔和收拾家居。

刺探生肖

小陳回到家裏，心中仍念念不忘韓小姐。他自己也不知道韓小姐為甚麼會這樣吸引他。

小陳躺在牀上，腦子仍不停在想，是否應該全力追求韓小姐？小陳曾經戀愛過多次，追求過幾位異性，雖然都是凶終隙末，卻從沒有如今次那樣，既想展開追求，而心中又有顧忌，怕的是佳人肖鼠也。

小陳在想，今後與韓小姐約會，最重要的是打探一下她是哪一年出生的，因為「配妻忌鼠，哭笑不得」的籤文，小陳緊記在心，不敢或忘。

翌日小陳一早上班，在公司會議上報告了澳門之行失敗，並指出收購幾間相連舊樓的計劃的障礙在哪裏，又報告當日中午另外看過幾間舊樓的情況。

散會後，小陳急急返回自己的辦公室去，關上門第一件事便是打電話給小吳。

在電話裏，小陳對小吳扯謊說，他月前認識了一位女性，心中頗喜歡她，但來往了接近一個月，仍無法打聽得到她的生肖是屬甚麼的，問小吳可有甚麼辦法。

小吳在電話裏想了片刻，教了小陳一個刺探小姐生肖的辦法，小陳亦覺得甚妙。

小吳對小陳說：「以一般人來說，對自己的出生年份，是會特別敏感的。你可以利用一般人這個弱點來刺探你女友的出生年份。」

小陳完全不明白小吳所指的所謂「特別敏感」是如何，也不明白如何利用這個「特別敏感」去刺探對方的出生年份，當下在電話裏便對小吳說：「我完全不明白你的意思，你直截了當的教我便是。」

小吳稍一思索，便接着問小陳可有「流年運程」那類的書籍。小陳答稱沒有。

小吳接着說：「這樣吧，在電話裏實在無法教你那麼多，下班時如果你有空，我們找個地方喝咖啡才詳談吧。」

小陳連聲說好，兩人便相約了下班後到希爾頓酒店的咖啡室會面。

隨着小陳又立即打電話給韓小姐，約她晚上一同進晚餐。韓小姐答應後，小陳便說自己會依時來她家裏接她。

兩個約會都弄妥後，小陳便在辦公室裏頭趕辦要辦的事。

時屆下午五時，已到下班的時候，小陳急忙的披上外衣便趕去希爾頓酒店，在咖啡室坐下不一會，已見小吳以手臂挾着一些書籍趕來，好像是剛下課的樣子。

小吳坐定後便遞了一本《流年運程》的書籍給小陳，並說是特意回家取來的。

小陳拿過來翻了翻，也不知小吳葫蘆裏賣甚麼藥！

小吳也知小陳不明白自己的意思。小吳環目四顧了一會，似是看有沒有熟朋友坐在鄰近的桌子，見都是一些不相識的，然後輕聲的對小陳說：「你可以利用這本《流年運程》來刺探你女友的年齡。你主要希望知道你女友是否一九六〇年出生的，那麼你可以在她面前拿着這本書籍，邊看邊說一九六〇年生的女性如何如何，甚至嚇她說今年會有驚險之事，看她反應如何。如果她急着搶你的書來看，那她極可能是一九六〇年生的……。」

小陳連連點頭。

小吳續說：「如果你在她面前盡說一九六〇年生的女性怎樣怎樣，而她一點反應也沒有，甚至完全漠不關心，那麼你已可以肯定她不是一九六〇年生的了。」小陳覺得小吳說得有道理，頓時也覺得甚有把握。

小吳喝口咖啡後又說：「如果你只想知道她是否一九六〇年生的，那麼這度板斧已經很夠用。但如你想切實的查出她是哪一年生的話，那就除了要多查幾次外，還要另外設想一些辦法。」

但小陳覺得只要知道韓小姐是否一九六〇年生已很夠了。在小陳心中，韓小姐只要不是肖鼠的，那麼肖甚麼都無所謂！所以小陳對小吳說：「你教我的這度板斧已很夠用，不必再想辦法查探她的生肖是屬甚麼了。」

至此小吳不再說甚麼了，而小陳也把話題轉到晨運去。兩人再談了片刻，小陳看看腕錶，覺時間已不早了。結賬後，小陳與小吳步出酒店，小陳打算到停車場去取車，便對小吳道：

「我們一同到停車場去，我駕車送你回家。」

小吳說：「不必客氣了，我截部的士回去便是。」

小陳雖然有部車子，但平日白天極少使用，晚上有時去的地方怕找位泊車困難，也乘的士。所以小陳的車子，他只有在晚上有重要約會或應酬時才使用。但這天晚上，因為約了韓小姐晚飯，而且是初次約會，便很自然地自己駕車去接她了。

當晚小陳和韓小姐在一間高級的海鮮酒家晚飯，兩人談話已較前投契，而韓小姐亦沒有再如過去那樣搶白小陳。

飯後小陳邀韓小姐回家看梅大師的陶藝作品，韓小姐欣然答應。

到了家裏，小陳除了搬出幾件陶藝作品讓韓小姐欣賞外，自己則在暗中拿出小吳給他的那本《流年運程》放在茶几的當眼處，準備查探韓小姐這位佳人是否肖鼠，結果，小陳喜出望外。

韓小姐欣賞過小陳搬出來的幾件陶藝作品後，便坐到沙發上與小陳聊天，話題當然離不了陶藝。但小陳其實對陶藝是門外漢，只不過在偶然機會下收藏了幾件精品而已！所以小陳知道必須急切轉離話題，否則再談下去自己必然難以應付。

小陳拿起茶几的那本《流年運程》問韓小姐說：「你是否相信算命這些東西的？」小陳突然轉換話題，第一固然是避免再談陶藝，第二希望藉此查出韓小姐的生肖。

韓小姐當然不知道小陳心裏想的那麼多，只是輕描淡寫的對小陳說：「算命這種玩意，我既非篤信，也不是不信。但我是很少算命的，也不知道誰人算命最有功力、算得最靈。」小陳隨即把握機會對韓小姐說：「我日前通過一位朋友介紹，找到一位甚有名的吳大師算過鐵板神數，算得甚準。如果你有興趣的話，我可以託朋友介紹你去一算。」

不料韓小姐說：「不用了，我怕算出我的命運不甚好的話，使自己整天擔心受怕。」

小陳其實是希望韓小姐答應去算一次鐵板神數的，那麼一來她的生肖和出生日期就自然一清二楚了。現在韓小姐拒絕了，此路不通，小陳就唯有利用小吳教他的辦法，希望藉此查出韓小姐的生肖。小陳故意在翻看那本《流年運程》，一邊對韓小姐說：「這本《流年運程》說我這個生肖的人，今年運氣不錯。而說我過去幾個月的運程，也說得甚對，只是說我今年會認識一位一九六〇年生的女性……」說到這裏，小陳十分留意韓小姐的反應。

不料韓小姐十分機靈，好像洞悉了小陳的動機那樣，反問小陳：「那書本可有說你甚麼時候會認識到那位佳人，姻緣如何？」小陳急急說：「那倒沒有，只是說我今年會有機會結識到而已。」說完就十分留神的望着韓小姐。

韓小姐似乎發現小陳緊張的注視着她，便微笑的說：「你不要誤會是我，我是一九六一年生的。」此語一出，小陳大喜過望。

放心追求

小陳做夢也想不到這麼容易就知道韓小姐的出生年份，連小吳教他的方法也不必，就已獲得答案。

小陳從此放下了心頭大石，放心地去追求韓小姐。兩人經過多次約會之後，情愫漸生不在話下，而小陳亦知悉韓小姐的家世。原來韓小姐的父母在韓小姐還未到四歲時已經離了婚，韓小姐由父親父代母職的撫育成人，母親離婚後則已再嫁。韓小姐共有三姊妹，本身排行最小，父親雖然未有再娶，平日母親亦極少回來看他們。

韓小姐不但名字男性化，處事亦有男子的作風，可能在單親家庭長大，受父親的影響所致。個性倔強之外，有時甚至意氣用事，只是不知是緣訂前生，還是「孽債」未償，小陳是十分還就韓小姐的，而小陳之追求韓小姐，亦進行得十分順利，不夠半年，小陳與韓小姐已經戀愛成熟，準備結婚。

那時已接近年底，小陳在事業上亦有突破，獲得一個財團的暗中支持，準備出來自立門戶。人逢喜事精神爽，小陳覺得這年內實在幸運，既獲得「佳人」芳心，事業上又將大展拳腳。

小陳一方面在籌備結婚，一方面在找寫字樓開設新公司，而對舊公司又要作交代，正是忙得不可開交。

小陳的理想是，男人以事業為先，最好是新公司開張之後才結婚，所以，他十分努力地去找寫字樓。結果，在朋友協助之下，小陳找到了一個他自己頗為滿意的寫字樓。

玄空（風水）是十分配合一個人的運程的，特別是在無高人指引之下。小陳找到的寫字樓，是六運坐子向午的，大門是在巽宮位置，小陳的辦公室則走艮宮門，寫字枱安在乾宮位置。

熟悉玄空的讀者，一定知道是甚麼回事了！大門是巽宮門，一白二黑同到，正是「坎流坤位，買臣常遭賤婦之羞」，但此局總算連連生入，雖是一二門，生意亦會不弱。而小陳此後的遭遇，亦與此局異常配合。

小陳的新公司開張的時候，小吳自然也到來道賀。在雞尾酒會中，小陳把小吳拉到一旁，告訴他自己快將結婚，新娘子就是韓小姐，並說韓小姐是一九六一年生的，不是一九六〇年生的，只是暫時仍未知她的生日及時辰，不然的話就託小吳約吳大師替她算一次鐵板神數。

小陳十分輕聲的對小吳說：「鐵板神數說我所忌的東西，看來都避過了吧！」

在這樣的環境下，小吳當然只有說：「看情形是避過了，這是老兄的福氣。」

轉眼間，小陳的公司開張了近月，生意還過得去，有幾項計劃在進行中，看來亦順利。這時還有一個月時間就到新年，小陳已選定了年底前的一個日子結婚。

名字有變

在距離結婚日子還有幾天的一個晚上，小陳到韓小姐家裏，看還有甚麼東西要買和要辦的。這天晚上剛巧韓小姐的父親去了朋友家裏竹戰，家裏只留下韓小姐和小陳兩人。本來韓小姐還有兩位姊姊的，但兩年前都已出嫁了。

當晚大約在八時許，韓小姐去了洗手間，客廳只有小陳一人在閱讀雜誌。

突然間，有人按門鈴，小陳前去應門。有人在門外說：「這裏是姓韓的嗎？」

小陳開了一條門縫答道：「對。」

那人以手指一下自己另一手上拿着的包裹說：「韓小姐的母親託我帶一份禮物給她，是賀她結婚的，還有一封信。」

這時韓小姐已從洗手間出來，小陳打開大門，代韓小姐收過這信件和禮物包裹，準備遞給韓小姐時，突然瞥見信封上寫的名字是「韓細芬小姐收」。

小陳錯愕了好一會，她的名字本來是「韓世勳」的，怎麼一下子卻變了「韓細芬」。

「一字記之曰『芬』，戀不得。」這條鐵板神數的籤文馬上出現在小陳的腦海裏。

小陳馬上追問韓小姐怎麼她的名字會變成「韓細芬」的。韓小姐嘆口氣告訴了小陳一段往事，使小陳十分氣結。

韓小姐說，她出生那年，父母的感情已開始有裂痕，只是還未表面化而已，而剛好在她出生的時候，父親被公司派到婆羅洲去公幹，一去就去了多月才回來。

而韓小姐出生後，她母親也不理她父親是否同意，就自作主張替她取名為「細芬」，因為她大姐叫「淑芬」，二姐叫「佩芬」，所以她認為替小女兒取名「細芬」十分合理。

不料數月後，她父親回來，認為「細芬」這名字不好，兩老也為這事再吵了一場。
此後她父母感情日漸惡劣，後來終於鬧至離婚收場。本來她父親是十分渴望有兒子繼承香燈的，所以在她母親懷孕之時，已希望這胎是男的，不料卻是女的。到她母親替她取名為「細芬」，她父親甚不喜歡。終於到「細芬」週歲之後，就決定改為「世勳」，是個男性化的名字，字不同而音同（按：廣東話是同音的）。
當時她父母感情雖已不佳，但仍未致決裂，她父親替她改名為「世勳」，有時還把她打扮成男孩子的模樣，一方面把她看作是男的，作為精神上的安慰，也希望夫妻若和好如初，再生一胎的話，會帶來一個男的，這種迷信是很多人都有的。
但韓小姐說她的母親後來與父親離婚後，每次寫信給她，仍用「細芬」這名字，不知是故意與父親鬥氣，還是習慣了難以改變過來。
韓小姐一口氣說到這裏，小陳聽得呆了。
小陳心中雖然十分不滿韓小姐原來的名字，但這事韓小姐是完全被動的，所以也不能怪韓小姐。但小陳心中的陰影，「一字記之曰芬，戀不得」，始終除不去。他唯有希望「細芬」改名為「世勳」後，與這條籤文再攀不上關係。小陳對術數所知甚少，遇到這樣的問題，他很自然就想起小吳。

翌日，小陳上班後立即致電小吳，說有要緊的事與他商量，約他下課後見面。

小陳把這事詳細的告訴小吳。而小吳確也世故，給了小陳一個頗滿意的解釋。

求去心刺

小吳知道如果不給小陳一個滿意的解釋，小陳極可能為此事而耿耿於懷，這樣就必然影響他的婚姻生活。

所以小吳衡量了一下利害，便決心思索一些道理來安慰小陳，解除他心理上的不安。

小吳果然有點辦法，他問小陳說：「過去你是否曾經與名字上有『芬』字的女性戀愛，結果弄得甚為不快。」

小陳毫不猶豫的答道：「對的，所以鐵板神數算出『一字記之曰芬，戀不得』，我就對『芬』字有極強的警惕心。不料現時我的未來太太，名字上原來又是有個『芬』字的。」

小吳立刻安慰小陳道：「你且少安無躁，通常在術數上，是講究『應』的，所謂『應』

就是『發生』的意思，如果你已『應』了曾與名字上有『芬』字的女性戀愛而不愉快，那麼是說已『應』了，也就是說已『發生』了。那麼以後再遇到名字上有『芬』字的女性也不怕了。」

小吳頓一頓接着又說：「更何況，你的未婚妻已更改了名字，音雖同而字已不同，我看你不必杞人憂天，快開開心心地去籌備婚禮吧。」

小吳為了進一步安慰小陳和使他真正放心，卻說了一些日後發現是無可補救的說話。小吳說：「我記得你鐵板神數的籤文，有關婚姻的最重要是『配妻忌鼠，哭笑不得』。現在你既已知悉你未婚妻不是肖鼠的，不是一九六〇年生的，那不是甚麼問題也沒有了？何必為了未婚妻童年時名字上有個『芬』字而煩惱？」

小吳說得確有道理，只是他不知道原來韓小姐雖是一九六一年生，但仍有些蹊蹺在內，使到小陳日後知道時，心中的刺就更難除去。

小吳又對小陳說：「你已知道未婚妻的生年，結婚時你肯定會知她出生的月份和日子，只差時辰可能不知道，你何不問一下你的未來外父，只問時辰就夠了。將來不是可以為她算一次鐵板神數，那麼不是甚麼都一清二楚了。」

不料小吳這次教路，卻為小陳帶來極大的煩惱。

小陳果也聽小吳的話，回去想辦法打聽未婚妻韓小姐的出生時辰。

就在小陳大喜日子的前一兩天，一天晚上小陳到韓小姐家裏，適巧韓小姐的父親亦沒有出外，小陳認為這是個十分好的機會，便藉故與韓小姐的父親談一些掌相命理的趣事。而韓小姐的父親亦也健談，也喜歡聽掌相命理的故事。小陳倒真的有一手，他對韓小姐的父親說：「據說白天生人的人個性較爽朗、開放及剛強；而晚上生人的人個性則較陰柔。」這當然是他的胡說，但真的虧他想到這個試探韓小姐出生時辰的辦法。接着他說據他估計，以韓小姐的性格，極可能是白天出生的。

韓小姐的父親是胸無城府、個性率直之人，他聽小陳這麼說，便很爽快的答小陳道：「對的，據她的母親說，她是在上午七時許出生的。」

小陳這下子滿意極了，一下子就清楚的知道了韓小姐的出生時間。

翌日，小陳打電話給小吳，說已知道未婚妻韓小姐的出生年月日時，並說看過她的身份證，清楚的知道她是一月底出生的。而時辰則是上午七時許，所以資料齊備，可以暗中找吳大師替未婚妻算一次命了。

懂術數的讀者，至此應該知道韓小姐雖是一九六一年一月底生人，但其實仍是肖鼠的。

因為那時是農曆庚子年的十二月中左右，當年是要到農曆十二月十九日，陽曆二月四日巳時立春（即上午九時至十一時）後生人才算是肖牛，而之前生人則仍然是肖鼠。

而當日小吳對小陳說，只要韓小姐不是一九六〇年生的就沒有問題了，就不是肖鼠的了，那當然是一項疏忽！而小吳在聽小陳說他的未婚妻韓小姐是一九六一年一月底生人，卻一時間仍未發現問題所在。

算命有時也十分講究機緣的，在小陳希望找吳大師替其未婚妻算一次命時，小吳在電話中對小陳說：「真不巧，吳大師出了門，去了美加旅行，聽說要下個月才回來。」

小陳一下子茫然若有所失。

小吳馬上安慰小陳說：「過兩天你就結婚了，算命的事暫時置諸腦後，開開心心的放懷結了婚再算。」

小陳在電話中唯唯諾諾。小吳怕他仍放心不下，便又再安慰他說：「有時算命亦未必百分之一百靈的，偶有偏差一點也不出奇，而且以你的情況來說，未婚妻名字都更改過了，我看不會有甚麼問題。」

小陳至此，心頭雖仍有疙瘩，但心想小吳的說話也是對的，難道在這個時候退婚或延期結婚不成？更何況喜帖都已寄出去了。

到結婚那天，賀客盈門。晚上的婚宴，說不上鋪張，只請了七八桌的親友。

小陳因為剛自立門戶，公司新開張，故此沒有去蜜月旅行。小陳對韓小姐說，以後公司生意穩定下來，再補度蜜月也不遲。

小陳婚後生活也頗愉快，韓小姐也到小陳的公司去上班，這時的身份自然是陳太了，幫助丈夫料理許多雜務。

轉眼間過了半年，夫唱婦隨，兩口子也算恩愛。到接近中秋節時，韓小姐有了身孕，小陳自然高興到不得了。翌年，果然一舉得男。

這時小陳事業蒸蒸日上，夫妻感情又好，更添了愛情結晶品，可說一帆風順。人在事事順利之時，極少有人會想到去算命的。而小陳亦不例外，他已完全把約吳大師為太太算鐵板神數之事拋諸腦後了。而對「一字記之曰芬，戀不得」、「配妻忌鼠，哭笑不得」等的籤文，都已不再介懷。而小陳亦可能因為生意忙，已少了與小吳來往，小吳見他不再提約吳大師之事，自然也不提了。

轉眼間又過了一年，韓小姐又再為小陳添了一位女兒，至此他們夫婦便有了一子一女，小陳至此感到十分滿足。事業上在這兩年內既大有進展，又有家庭溫暖，太太又為自己添了一子一女。這兩年對小陳來說，可說全無瑕疵。

只是到了婚後第三年，卻發生了有似晴天霹靂之事。

意外跌傷

話說有一天，小陳獲得消息，在郊區有一座頗舊的別墅式洋房出售，價錢十分便宜。據說此屋過去曾經鬧鬼，居住其間的人搬走後，一直空置着。

此洋房本是一個大家族所擁有的，因遺產及業權問題一直未有弄妥，故過去想出售亦不可能。到法律問題解決後，業主放盤出售，小陳知道後頗有意購入該洋房。

當時小陳公司的職員知道該洋房曾經鬧鬼的，把事情告訴小陳。

但小陳走了三年好運後，對鬼神的東西已沒有過去那麼相信。這是許多人都有的情況，走運時鬼神辟易；倒運時就頻頻去拜神燒香。當然走運時仍然十分虔誠的亦大有人在。

小陳當時的心態是，管它是鬧鬼還是不鬧鬼，先把它買下來再說，日後若能善價而沽固然最好，萬一真的大家怕鬼不敢買，那麼大不了拆卸重建，那就有鬼也變無鬼了！

小陳這個設想是對的，許多古老陰森的大屋，在風水學上來說，若飛星二五六同到，則是會鬧鬼的，但若拆卸重建，則因屋運已改，飛星數已經不同，那就自然不會再鬧鬼了。

小陳主意既定，便先派自己太太韓小姐帶同兩名職員先去視察一下。

那是一間兩層的別墅式洋房，地下是客廳，二樓則是睡房。

當韓小姐帶同兩名職員抵達的時候，業主早已派人在那裏等他們。

這屋由於空置已久，業主在業權尚有爭執時疏於管理，以致有許多地方看來十分破舊。

韓小姐與同行的兩名職員十分小心視察屋內各處地方，有些甚麼地方須要修葺的都一一記下來。

韓小姐在二樓視察過後，正準備沿樓梯拾級而下，忽然空中似有聲響，韓小姐舉頭一望，腳下踏空，就直從樓梯翻滾摔到樓下去。

韓小姐從二樓樓梯翻滾到樓下，伏在地上一動也不動，嚇得兩名職員馬上前去扶起她，但見她身子軟綿綿的，無法站得穩，顯然是昏了過去。其中一名職員發現韓小姐的後腦在流血，用手輕輕摸一下，手上已沾滿了血，知道事態嚴重，兩名職員馬上合力把韓小姐抱到車上，並要業主派來的人員馬上打電話通知小陳，然後開車直向醫院駛去。

在醫院裏，經過醫生的檢驗，證實了韓小姐是撞傷了後腦。不久，小陳已趕到醫院，但見韓小姐已甦醒過來，只是眼神呆滯，見到自己丈夫小陳也好像不認識的樣子，木無表情。

小陳輕輕的握着韓小姐的手，細聲的問她為甚麼會弄到從樓梯翻滾下來的？

韓小姐仍是毫無表情的樣子，也不答話。

小陳再問站在一旁的兩位職員，可知道自己太太如何從樓梯翻滾下來？

兩名職員表示當時在工作中，也不知韓小如何會忽然從二樓樓梯翻滾下來。

大家默然了一會，韓小姐忽然開腔，表情有點傻兮兮的樣子，她說她站在鬼屋的二樓樓梯旁，突然有人在空中叫她的名字，她仰首四望，甚麼也沒有見到，卻有人在背後推她一把，就這樣從樓梯翻滾下去，韓小姐說完又在傻笑。小陳也不知她是說真的還是說假，便問身旁兩名職員當時可有聽到有人叫他太太的名字？兩名職員都說沒有。

小陳心想，這間屋難道真的有鬼不成？如果是真的話也着實太厲害了，光天化日之下可以把人推下樓梯，這還得了！

這當然是韓小姐的幻覺，不過這一次從樓梯翻滾下來，卻也真的使韓小姐跌得很傷。韓小姐的表情，一時傻兮兮的，一時又似有點哀傷，有時又在傻笑。這一切都看在小陳眼裏，使小陳十分擔心。

而從此之後，小陳即每天與煩惱為伍了！

韓小姐在醫院住了幾天，皮外傷都治好了，只是神情無法回復舊觀，小陳覺得自己太太總好像變了另外一個人似的。

自從韓小姐發生意外之後，小陳常無緣無故的覺得心跳，或者忽然面紅耳赤，使小陳十分不安，好像預兆着一些甚麼事故會來臨似的。

果然，在韓小姐出院的那天，主診醫生召見小陳，告訴了小陳一些從來都不知道的秘密。原來據主診醫生說，韓小姐過去是有精神分裂症的記錄，只不過是情況輕微，經過悉心的治療後，亦可說是痊癒了。

這位主診醫生姓葉，年紀看來約四十歲左右，個子矮小，頭頂前端已禿，態度祥和。

他接着對小陳說：「你太太的皮外傷已治好了。只是她過去有輕微精神分裂症的記錄，現在後腦經過猛烈的撞擊，恐怕她會舊患復發。而這幾天的觀察，也覺得她的神情有點不對勁！」葉醫生說到這裏，拉開抽屜取出一份文件來看。小陳當然不知道那是一份甚麼文件，但猜想可能是記錄自己太太的病況。

葉醫生接着又對小陳說：「你以後要多留心觀察你太太的一切舉動，如果發現她果有精神分裂症復發的現象，你應該馬上通知我，以決定是否再送她入院治療。」小陳聽葉醫生這麼說，有如晴天霹靂，他是無論如何也想不到自己太太會患上精神分裂症的。他回憶起當初如何認識她和後來如何追求她，總沒有人向他透露過一丁點兒消息說她曾患過精神分裂症的。

韓小姐換過衣服出院，小陳接她回家休養。表面的傷是完全治好了，只是她的精神狀態，小陳也覺得有異樣。從此小陳謝絕所有晚上的應酬，每天下班馬上趕回家看太太。轉眼又過了兩週，韓小姐鬧着要上班，說留在家裏太悶。小陳還是不放心，要她再多休養一段時期。結果韓小姐託人買些黏土回來，在家裏製作陶藝品。不料由此而帶來給小陳一次極大的麻煩。

哭笑不得

韓小姐託人去買黏土，以便在家裏製作陶藝品解悶和打發時光，小陳是贊成的。而且當日小陳之開始追求韓小姐時，也是靠以陶藝為話題打開話匣，再以欣賞陶藝製品為名開始第一次的約會。只是小陳是無論如何也想不到，韓小姐製作陶藝品，竟會帶來給他一次極大的麻煩。

話說有一天，小陳下班回家，見家中的洗手間如一個小水塘似的，而韓小姐則坐在睡房沙發裏傻笑，褲腳鞋都全濕了。

小陳急急的問發生了甚麼事，初時韓小姐只在傻笑。小陳急起來捉着她連搖了幾下，這時她忽然站起來說：「陶藝品不聽話，不好玩的，我把它們統統抛進抽水馬桶去了。」

小陳登時呆了。這還得了？把那麼多黏土投入抽水馬桶去，必然會使溝渠淤塞，而且可能影響整座大廈的。

小陳正在不知所措，韓小姐又說：「那些陶藝品真的不聽話，按了幾次水掣想把它們沖走，它們不但不走，還把水推出馬桶來。」一說完還做了一個無可奈何的表情，小陳直給她氣得想要爆炸。

小陳忽然想起兩個孩子，急急走到孩子的房間去，只見子女都睡着，女傭則在好整以暇地在收拾衣服。小陳這才舒了一口氣，也證明了韓小姐只是在不久前才把黏土倒進馬桶去的，所以女傭也可能尚未知道此事。

而韓小姐這次把黏土倒進抽水馬桶去，由於數量頗多，果真的使整座大廈的糞渠都受到影響。最後，小陳向受影響的各戶道歉之外，還花了一大筆的修理費用，尚幸未有惹來官非。

又有一次，小陳睡至半夜，給人大力的摑了幾記耳光，醒來見韓小姐坐在牀沿，小陳撫着面頰問甚麼事？韓小姐煞有介事嚴肅的說：「我見有隻鬼走入你的身體內，所以要把他打出來。」說完又使勁的摑了小陳一記耳光，小陳給她摑得金星直冒，這回真正是「哭笑不得」。

小陳自從給韓小姐連番弄到啼笑皆非、哭笑不得之後，覺得韓小姐確有精神病，非要捉她去看醫生不可。

可是韓小姐每次在醫生面前，都顯得正常，說話也很有條理，看來是一點毛病也沒有。雖然韓小姐過去是有輕微精神分裂症的記錄，但從韓小姐在醫生面前的表現，醫生也給她騙過，認為她是正常的。

最使小陳不解和感到氣結的，是韓小姐每次看完醫生回家，又立即變作另一個人似的。而且她的胡鬧，更愈來愈嚴重。

本來小陳是要她在家休養的，但韓小姐卻常常突然的跑回公司去。

有一次，小陳親自駕車接一名人客到公司來談生意，不意汽車駛到門口準備交給職員泊車時，韓小姐突然出現在車旁，大力的拍了一下車頂，然後高聲的說：「哈，終於等到你回來了！」既把人客嚇了一跳，也使小陳顯得萬分尷尬。

漸漸，小陳簡直是怕了韓小姐，更怕她跑到公司來胡鬧。她有時會突然無緣無故的找個職員來痛罵一頓，有時又與一些男職員顯得十分親暱的樣子，使小陳真個是「哭笑不得」。

到後來，她更會偶然失蹤幾天，也不知她去了哪裏。有一次，她發脾氣說要歸家探望父親，又不許小陳送她。但當晚小陳打電話到外父家裏，卻說她並沒有回去。

那麼她失蹤時去了哪裏呢？無論小陳如何問她，她都不肯說。

但每次她失蹤後回來，又顯得對兒女十分關心，呵護備至，小陳看在眼裏，覺得兒女如果沒有母親是一項很大的憾事。

所以每次韓小姐失蹤後回來，小陳都希望她不要再失蹤，好好地照顧兒女。但每次事隔不夠兩週，她又會再次失蹤，使小陳十分頭痛。

到這個時候，小陳已經無計可施了。突然的想起小吳這個朋友可能會有所幫助，便跑去問計於小吳，結果弄到局面更難收拾。

庸手算命

小陳把近期發生的事原原本本的告訴了小吳，看小吳有甚麼方法能為他解決煩惱。小吳是以術數的角度來看小陳的問題，他認為韓小姐變成這個樣子，可能與她本人的運程甚有關係。

小吳始終在術數上了解不多，他不明白要解決小陳的問題，在玄空（風水）上助力會較大。但他卻建議小陳為韓小姐算一次命，看她近年運程如何，能否趨吉避凶。說到算命，小陳和小吳很自然的就想到吳大師，而小吳與吳大師較熟，便決定由小吳去約。不料翌日小陳接到小吳的電話，說吳大師近期閉門謝客，原因卻沒有說明。

小陳覺得實在倒霉，便在電話裏問小吳是否可另找別人去替韓小姐算命。

小吳想了一會，便答道：「我聽說有一個算命先生，也是算鐵板神數，功力雖然不及吳大師，但據說也很不錯。」

小陳在術數方面認識甚少，自然一切意見以小吳為依歸了，便請小吳代為約時間。不料小吳這次介紹的算命先生，雖然同樣以算鐵板神數為名，但卻是靠「套口供」和「捉用神」

的庸手。而小陳為韓小姐算了這次鐵板神數後，卻被這位庸手害得更慘。

到了約定的時間，小陳和小吳一同到那庸手的檔口去。那位庸手外貌庸俗，半點書卷氣也沒有，所用的條文別字連篇更不在話下，只可惜小吳和小陳都未能識破。

當下小陳坐下後，便道明來意，說要為自己太太算一次命。

那位庸手便如上次吳大師那樣，說明算鐵板神數要考一時八刻，考準了刻分才可算下去。這點小陳表示是知道了，而且說自己不久前也算過鐵板神數，並說明是吳大師算的。

小陳本意想省時間，便對那位庸手說：「如果把韓小姐的六親情況都說出來，是否可以省卻考刻分的麻煩？」不料那位庸手也有一手，連說絕對不可。

因為鐵板神數必定要給人客一個印象，那是從考中一條數後，由那條數一直引申開來，而成一個人命局的整盤數。所以絕對不可接受人客提議無條件的把六親情況統統說出來。鐵板神數如果不考刻，那就完全失去了鐵板神數的意義。

那相似於「捉迷藏」遊戲，人客是躲起來的，業者要從人客躲起時無意中露出的衣角，從而找出他整個人所在，那才有意思。否則如果那個人毫無遮掩地站在你面前任你捉，那就完全失去「捉迷藏」的意義和趣味。

所以業鐵板神數者，不論是高手或庸手，必有師傅教導，千萬不可接受人客的提議說不必考刻，自動把六親情況說出來。

同時江湖險惡，亦有不少人故意佈些陷阱讓業鐵板神數者跌下去的。至於如何避過這些陷阱，他們亦有一套方法。

回說小陳和小吳遇到的庸手，在鐵板神數的級數雖然很低，但也懂得拒絕接受小陳之不必考刻的提議。

小陳報上韓小姐的出生日期，是一九六一年一月底某日的辰時。那位庸手開始翻萬年曆，列算韓小姐的四柱八字。

在四柱八字列好後，那位庸手便說：「這位小姐雖然是生於一九六一年，但農曆年仍未過年，亦未到立春，所以仍算是鼠年生人。」

小陳一聽到韓小姐仍算是肖鼠的，馬上給嚇了一跳，「配妻忌鼠，哭笑不得」的鐵板神數籤文馬上出現在腦海中。他不知是對還是錯，急急的問身旁的小吳道：「怎麼一九六一年出生的也會是肖鼠的，你不是說過一九六〇年出生的才是肖鼠的嗎？」

小吳因為研究過術數，雖然是業餘和層次不高，但在這個問題上他自然比小陳明白很多。

小吳輕拍小陳的手說：「韓小姐的個案較特別，不過她確是肖鼠的。」

小陳至此，又再一次「哭笑不得」。

小陳自從被吳大師算過鐵板神數後，本來已刻意要避開名字上有「芬」字和肖鼠的女性，不料命運弄人，小陳在神差鬼遣之下，娶了一位太太名字上既有「芬」字，而且更是肖鼠的，同時更如鐵板神數的籤文所說那樣：「哭笑不得」。小陳極度不開心的反應，那位算鐵板神數的庸手都看在眼裏，心裏猜想他們夫妻關係當在破裂邊緣，所以在考刻出數時，就極力去試探他們夫妻關係方面。

鐵板神數在考刻方面，通常都沒有固定先考六親哪一方面，要業者隨機應變。應用得好的可以揮灑自如，應用得不好的則處處顯得笨拙。筆者見過一本鐵板神數的講義，它在這方面已作了很大程度的透露，聰明的人都應該心裏明白。該講義在刊出九十六刻天干數時，說明是「先師所授，只可供參考，因為它只是感性的，而不是理性的。其以六親、遭遇的情況考刻和鐵板神數的佈局吻合」。

現在我們且看它子時八刻的條文：

一刻：杏林春秀，其祖懸壺為生。

二刻：因作東牀婿，富貴一朝來。

三刻：甲寅拜師，方合此刻。

四刻：丹桂先結子，來年荷花香。

五刻：雁行有序，非出一巢。

六刻：辛丑險象環生，大難不死。

七刻：一父一母，兄弟二人。

八刻：乙亥金榜題名，方合此刻。

當然還有其他十一個時辰考刻的條文，但聰明的讀者，看過這八刻條文的排列，當有所領悟才是。同時筆者亦搜集過其他名家考八刻的條文，雖然全部條文不同，但也有一定的秩序在內。所以，如果你熟悉了鐵板神數的規律，你也可自創一套考八刻的條文。

現在再回說小陳與小吳在那鐵板神數庸手面前，十分無意地透露了小陳與韓小姐夫妻間頗有問題，而且韓小姐常常無故失蹤，使到那位庸手誤認韓小姐另有新歡，結果出了一條數害得小陳極慘！

暗有夫？

那位庸手在為韓小姐算鐵板神數時，用的幾乎全部是「術」，特別在考刻分時更為顯著。他低頭在作狀凝思，其實心中已有了腹稿，右手在撥弄算盤，不一刻，他打出第一條數。

小陳翻看條文是：「兄弟木年生方合。」

小陳想也不想便說：「不對。」

那位庸手立即輕輕的用原子筆在紙上記着「此人無兄弟」的符號。

讀者至此可能會問，為甚麼小陳答「不對」後，那位庸手立即知道韓小姐無兄弟呢？

這就是鐵板神數「術」的一面，因為通常一般人，就算是懂子平命理和清楚知道有六十天干地支的人，若他是有兄弟的話，在看到條文「兄弟木年生」時，必定會問哪幾年是「木」年。就算你不知道有「納音」這回事，你也會對如甲子、甲戌或庚寅、辛卯諸如此類是否屬「木」年來提問的，當然還有如戊辰、己巳等明明是土年的流年，但在「納音」則是屬木年。

所以，一般人在看到「兄弟木年生方合」的條文，問也不問就說不對的，幾已可肯定他是沒有兄弟的了。

那位庸手在取得韓小姐兄弟人數的「消息」後，接着就盡用「金木水火土」五行來考她姊妹人數、父母生肖及存亡，配夫生肖、兒女生肖及人數等。

他用的方法本來是十分笨拙的，但小陳和小吳都未能識破，而且還在不知不覺中把韓小姐的六親情況統統的告訴了他。

如他出一條數「姊妹火年生方合」。

小陳就十分直截了當的對他說：「她有兩位姊妹，但我不知道她們是否火年生。」

接着他又出「一子金年生」，及「一女土年生」等條文，實在是笨拙得可以的，但也順利的給他一一考出了韓小姐的兒女情況。

但他接着打出一條數，小陳翻看條文是「明有夫，暗有夫」，小陳馬上呆了！

本來小陳對自己太太近期常常無故失蹤已懷疑，特別是那一次她說歸寧，但小陳打電話到外父家又找不到她。而每次她失蹤幾天回來後，小陳問她去了哪裏，她總是支吾以對，不肯老實的說出去了哪裏。

那位庸手出的那條條文「明有夫，暗有夫」，目的原是考一下她的婚姻狀況的，可是看在小陳眼裏，自是暗中吃驚，整個人也呆了一陣子。

而也因這條籤文，日後把小陳害得更慘。當下小陳便對那位庸手說：「我是她正式的丈夫，她是否有暗夫我不知道。」

那位庸手出的條文雖是笨拙，卻還有一點職業道德，馬上對小陳說：「你不要介意，這是考刻而已，如果她無暗夫，自然不是此刻生人了。」

小陳唯唯諾諾，但心裏滿不是味道。

接着他又打出一條數，小陳翻看籤文是「雨妒桃花，雲迷秋月」。

庸手出這條數，本來是另有目的，可是小陳看在眼裏，又是另一番感觸。

小陳對他說：「我也不知道這條數是對還是不對。」

接着那位庸手再打出了幾條無關痛癢的條文，最後，他打出一條數，小陳翻看條文是「父母離異，方合此刻」。

小陳連聲說對、對。

至此，庸手便說不必再考下去了，已經可以掌握到韓小姐的出生刻分，同時說小陳可以下個星期去取批章。

小陳與小吳謝過那位庸手後便離去。在回家途中，小吳看出小陳十分不安，心中有一種感覺，覺得不對勁，便對小陳說：「算命的東西，有時是有偏差的，過去我也對你說過，所以我看你不必太認真。」

小陳唯唯，但心裏老是有說不出的不舒服。

一週後，小陳去取批章，心急翻閱看是否有「明有夫，暗有夫」的條文。因為當日該名庸手在打出這條籤文時，使到小陳吃了一驚，也呆了好一陣子。

小陳詳細的翻閱一遍，並未有這條籤文，暗中舒了一口氣。

只是在以後的日子中，小陳總是無法忘記那條籤文，只要韓小姐再失蹤幾天不回家，他腦海中又會再出現那條籤文，漸漸的小陳也在懷疑韓小姐可能真是「暗有夫」。

而那位鐵板神數庸手當日出「明有夫、暗有夫」這條籤文，本意是刺探韓小姐的婚姻狀況，但庸手終是庸手，出了一條這樣的籤文，結果害得小陳此後疑神疑鬼，難得安寧。

終於有一次，韓小姐又再突然失蹤，整個星期沒有回家。小陳遍尋不獲，心中十分煩躁，便找小吳商談和吐一下自己的苦水。

因為小陳由追求韓小姐而至鬧到現在這樣的田地，在小陳的朋友中只有小吳知道得最清楚。由於這是十分私隱的事，小陳不想在公眾地方與小吳談這問題，便相約小吳下班後到自己公司，在辦公室裏關起門來談論此事。

小陳對小吳說，這幾個月來韓小姐給自己的精神困擾確實太大了，寢不安席，食不知味。

小陳苦着口臉說：「若她確有精神病和嚴重點的話，那送她入精神病院就算了。只是如今她有時顯現得頗為正常，特別是在醫生面前，那才真的拿她沒辦法。現在她又失蹤了多天，也不知去了甚麼地方，這段婚姻今後我真的不知道該如何處理。」

小吳對小陳在婚姻上不愉快的事知之甚詳，一時間也不知如何作答。

小陳隨着又對小吳說：「你的相法十分了得，我記得你說過我眼有魚尾紋且是向下的，會有婚姻上不愉快的事，果然給你說中了。」

接着小陳又提出一個問題，而小吳卻完全不敢加任何意見。

小陳對小吳說：「既然看相與算命都說我會有婚姻上不愉快的事，同時更給你說中我會在神差鬼遣之下娶一位生肖屬鼠的女子，一切都應驗了，那麼，如果我離婚，是否可解決了一切麻煩呢？」對小陳這個問題，小吳完全不敢加任何意見。

因為自古以來無論是以術數為業的或學術數的，只要是有師傳的話，都知道不可拆散人家夫妻。縱使知道他夫妻關係已惡劣至無可挽救的田地，同樣要想辦法給他們補救，絕對不能教他們離婚的。

小吳知道小陳在婚姻生活上面臨重重困難，完全吻合了鐵板神數所說的「哭笑不得」。但由於鐵板神數並沒有批他離婚，所以他也懷疑小陳是否會用離婚來結束這段感情，說不定有一天韓小姐突然一切恢復正常，那麼教他離婚的人豈非十分罪過。

所以小吳默然許久，既不敢說贊成，也不敢說反對，因為他深知韓小姐繼續胡鬧下去，真的是夠小陳受和極苦惱的。

這次小陳和小吳的談話，並沒有任何結果。在小吳正準備離去時，小陳突然又再拉小吳到一旁，輕聲的對小吳說：「十分感激你過去對我的幫忙，現在我的苦惱你是最明白的。在術數和玄學方面，你所知和所認識的人都比我多，如果你發現有甚麼方法或有甚麼人可協助我解決難題的話，請你立即告訴我或給我安排。」

小吳連連點頭。

果然只過了幾天，小陳便接到小吳的電話，約他翌日中午在一間西餐館見面，並說對解決韓小姐的問題似乎有點頭緒。

小陳本來當日是有約會的，但因解決自己太太問題的事最為重要，便也推掉原有的約會去赴小吳的約。

小陳依時到了西餐館，只見小吳已在座。但在小吳身旁卻坐了一位身材瘦削、膚色黝黑、面色鐵青的男子。小陳坐下，小吳還未介紹，該男子已目光灼灼的注視着小陳。

鬼物作祟？

小吳給小陳介紹身旁的男子，說他姓葉，對靈界之事甚有認識。可能因為他面色鐵青及瘦削如鐵條，綽號「鐵骨葉」。

小陳和鐵骨葉握過手後，鐵骨葉仍目不轉睛的看着小陳。

隨着小吳介紹鐵骨葉的本領，他說鐵骨葉的師傅是一位具有異能的人士，姓聶，江湖上人稱之為「聶異人」。據說他們師徒二人都具有一項特殊的本領，是可以看見幽靈和鬼物等東西的。如果有人被鬼物作祟，或幽靈附體以致行為怪誕，他們有本領驅除鬼物的。小吳直把他們師徒兩人說成是現代的驅魔人。

小吳說到這裏稍為猶豫一下，喝口咖啡才又繼續說下去。小吳說：「韓小姐自從在鬼屋的樓梯翻滾下來後，一直表現得行為怪誕。我與鐵骨葉商量後，認為韓小姐可能被鬼物作祟或幽靈附體，以至她完全失去本性。」

這本來是極度迷信之事，但小陳聽來竟也覺得有點道理。一個人在失望和徬徨無計可施的時候，自然甚麼方法都希望一試，小陳自亦不例外。

當下小陳便問小吳道：「如何可以確定我的太太是被鬼物作祟或有幽靈附體而致如此呢？」鐵骨葉這時開口了，他說：「從你入來坐下之後，我一直注意你的氣色，覺得你臉上和身上都帶有點邪氣……」

鐵骨葉還未說完，小陳已搶着插口說：「我說是我太太的事，又怎會牽涉及我呢？又不是我被鬼物作祟。」

小吳在旁勸小陳說：「你且稍安無躁，聽他的意見。」

鐵骨葉也顯得有點緊張，急着的對小陳解釋說：「話倒不是這麼說，有時一個人中邪或被鬼迷，整家人上下大小都帶有點邪氣的我都見過，更何況是同衿共枕的人中邪。」

小陳默不作聲，低頭在思量是否應該請鐵骨葉師徒兩人幫忙。而這時，小吳就作出了一項提議。

小吳認為韓小姐是在鬼屋之內出事的，所以他也相信韓小姐是中了邪。

小吳提議由鐵骨葉和聶異人師徒兩人暗中觀察，不可張揚，更不宜讓韓小姐知道。如果發現韓小姐果真是中了邪或為幽靈附體的話，就請鐵骨葉和聶異人師徒合力禳解。

小陳由於確實已被韓小姐困擾了多時，至此不論甚麼辦法都得一試，當下便點頭答應小吳的提議。

鐵骨葉見小陳相信自己法力，欣然於色，對小陳說：「這樣吧，明日下午我與師傅先到你的公司去，然後你再帶我們回家，能遇到尊夫人就最好。不過就算未能遇到尊夫人，憑我們的經驗，觀察你的公司和住宅，也可猜到一二。」

小陳連連點頭和表示謝意。

翌日下午，鐵骨葉果然依時帶同他的師傅聶異人到小陳的公司去。這位聶異人身材、膚色而至樣貌都與鐵骨葉十分相似，不知底細的可能認為這對「現代驅魔人」是一對兄弟。

鐵骨葉介紹了師傅給小陳認識，然後由小陳帶領，在公司四周巡視了一遍。

聶異人頻頻與鐵骨葉耳語，似發現了甚麼東西和教他如何處理似的，只是沒有對小陳明言。在離去之前，鐵骨葉在自己帶來的手提包裹，取出一對小葫蘆，教小陳掛在公司大門的門楣上，然後師徒兩人再隨小陳回家去。

到了小陳的家裏，他們師徒二人同樣仔細的視察過屋的每個角落，且邊走邊喃喃自語，小陳也不知道他們是在唸經還是甚麼。

當日韓小姐並不在家，聶異人師徒二人走到小陳的睡房時，聶異人緊張的關上房門對小陳說：「這屋子確是有點邪氣，我現在送你一把用古錢編成的『寶劍』，你把它掛在大門，自然群邪辟易，希望由此可使尊夫人回復正常。」

小陳謝過後，心裏真的希望他們的「法術」有靈。聶異人師徒兩人離去時，小陳還恭敬的送到樓下。小陳返回家裏，正在大門上掛起那把古錢編成的「寶劍」時，韓小姐回來了。

小陳心中認為韓小姐見到他掛起那把古錢編成的「寶劍」，心中最低限度也會一凜，或者顯出驚慌的神態。

不料韓小姐回來時，望也不望一眼，若無其事的逕向兒女的房間走去。小陳不免有點失望，也奇怪為甚麼聶異人的東西全無法力？

過了兩天，小陳暗中致電小吳，說家裏與公司都經聶異人師徒看過「風水」，但似乎無甚反應。

讀者至此應該明白，小陳和許多對術數全無認識的人一樣，把江湖上的「法術」與「風水」混為一談。如聶異人師徒二人的行徑，他們用的是「法術」，與「風水學」全無關係，因為他們連羅盤也不備的。如果你相信這世上確有「法術」這回事，那麼你自然會相信他們，否則的話，你不但不信，更會斥之為迷信。

然而風水（玄空學）卻是有一套完整的理論根據，憑數據來斷事，與憑靈感及觸覺或法術來看一件事完全不同。

如聶異人所使用的葫蘆與錢劍，可說與風水學是無關的，說它是「法術」絕不為過。

前文曾提到小陳的公司是六運坐子向午的建築物，亦即坐北朝南，大門在巽宮（東南方）的位置，小陳的辦公室則走艮宮（東北方）門，寫字枱則在乾宮（西北方）的位置。

這個局由於大門在巽宮，正是「坎流坤位，買臣常遭賤婦之羞」，結果小陳給韓小姐這位太太弄到啼笑皆非。但此局雖是一二門，卻是連連生入，故小陳生意亦不弱，但麻煩全來自太太，則玄空學的準繩度決不可低估。

而且更妙的是，小陳的家居，也是六運坐子向午的建築物，也是同樣是走巽宮門的。

至此讀者可能覺得那實在是太巧了吧！可是凡對玄空學有研究及有一定經驗的風水先

生，都知道有些事情確是甚奇妙的，普通人如果無玄空高手指點，那麼他的住宅風水往往與公司的風水十二分相似的。如他的住宅是向西的，他公司的建築物也同樣是向西的；住宅是向北的，公司也是向北的，正是比比皆是！

話說小陳在公司的大門上掛起一對小葫蘆，在家中的大門上掛起了「錢劍」之後，說了奇怪，連着整個星期韓小姐看來是比以前正常許多了。

世上湊巧的事很多，同樣亦甚多無法解釋之事，然後江湖術士與神棍之流才可生存！

小陳本來亦不相信「法術」之事，他讓聶異人師徒二人到公司及家裏視察，也不過是在無計可施的時候，甚麼也得一試。聶異人要他掛起葫蘆錢劍，小陳當時也是以姑妄試試的心態來試試而已。不料韓小姐湊巧有幾天較為正常，使到他也相信聶異人的東西有效。

過了大約十天，小陳正希望自己太太韓小姐能回復舊日的正常生活的時候，一天晚上，小陳下班回家不見了韓小姐，問傭人，答稱她中午出去，至今未見回來。

小陳正懷疑她是否又再故態復萌，又再無故失蹤的時候，只見到韓小姐回來了。樣子顯得很正常，只是手中拿着一大包的東西，看來是重甸甸的，韓小姐輕輕的放在餐桌上，然後走入睡房去更衣。

小陳好奇的問韓小姐那是甚麼東西？但韓小姐沒有答他，只自顧的找尋衣服更換。小陳無奈，靜悄悄的走到餐桌旁邊，暗中打開那大包的東西看是甚麼。

不看猶可，一看之下，發現原來是一大包的黏土。上次弄到溝渠淤塞的事，馬上重現在小陳的腦海中，使到小陳無法不害怕事件重演。

小陳馬上拿起那包黏土，趁韓小姐不覺，暗中開門出去把那包黏土拋到後樓梯的垃圾桶去。

到小陳返回客廳裏，韓小姐已換好衣服出來。她見餐桌上的那包黏土不見了，便問小陳有沒有見到餐桌上那包東西。小陳倒也坦白，說已把那包東西拋棄到街上去了。

韓小姐馬上漲紅了臉，大罵小陳無理，無緣無故的拋棄了她心愛的東西。夫妻大吵了一場，結果小陳的婚姻又轉向更氣人的一頁。

小陳自與韓小姐結婚以來，雖然時有齟齬，但說到吵架，則以此次為最厲害。

韓小姐說自己因為生活悶，所以才買些黏土來製作陶藝品消閒，說甚麼小陳都不應把那些黏土拋去的。

而小陳所持的理由則是，上次韓小姐也是說悶買些黏土回來製作陶藝品，結果竟把大量的黏土抛到抽水馬桶去，弄到糞渠淤塞，既花了大筆錢修理，更要向鄰居道歉。所以小陳說見到她買大包黏土回來，怕事件重演，才急急把那些黏土抛棄掉。

正是公說公有理、婆說婆有理，吵得不亦樂乎。

在各不相讓的情況下，韓小姐突然鐵青着臉提出要離婚。

小陳本來較早前已想到以離婚來解決這段困擾的婚姻，只是他問過小吳，小吳不敢加任何意見。而他十分信服的鐵板神算，也沒有批示他會離婚，所以才一直忍着不敢提出這個問題。

現在韓小姐突然提出離婚，小陳在火氣上頭，覺得離就離吧，沒甚麼大不了，說不定因離婚而減少了許多煩惱，使日後可過寧靜的生活也說不定。

小陳果然大聲的對韓小姐說：「好吧，離就離吧，記着是你提出離婚的。」

韓小姐聽他那麼說，亦不再跟他吵，馬上收拾幾件衣服，便走到子女的房間，輕抱一下自己的一子一女。顯得十分正常，疼疼他們，便龠夜匆匆的離去。

韓小姐臨別時，倚在大門邊高聲的說：「我回父親家裏。」

韓小姐走後，小陳百感交集，躺在牀上，想到當初如何認識韓小姐和追求她，後來終於和她結婚和育下一對子女，直到她近期行為怪誕，前塵往事，一幕幕的湧現在腦海裏。

翌日，小陳試打電話到外父家裏，看看韓小姐是否真的在那裏。

辦理分居

在小陳的心目中，韓小姐肯定是不會回父親家裏的，因為以前她多次失蹤，也都是說歸家，可是沒有一次是真的，所以這次她又說回去父親那裏，小陳就是不信她。

小陳故意打電話到外父家裏找韓小姐，除了好奇外也要證明錯不在自己。

不料韓小姐的父親接電話，說她昨夜回來，哭哭啼啼，鬧着說要離婚，隨着更責備小陳何故為一包黏土那麼小事鬧至這個田地。小陳真正感到有冤無路訴，他知道外父並不知上次韓小姐把黏土拋進抽水馬桶，弄到糞渠淤塞的事。

但這次局面鬧僵了後，小陳卻又在懷疑韓小姐是否恢復了正常，難道那對小葫蘆和錢劍真的有效？連串的問題都是小陳不知道答案的。

如果韓小姐回復正常的話，那麼她買些黏土回家，不但只不是甚麼大不了的事，而且還是正常的，因為婚前小陳已知她是喜愛陶藝的。

連着幾天，小陳的心情十分矛盾，看到一對可愛的子女的時候，就希望自己太太回復正常，重修舊好，但腦筋一轉想到她的怪誕行為，卻又覺得十分難忍受，離婚可能一了百了。

所以這次事件雖然鬧僵，若由他主動來決定是否離婚，他亦會感到十分為難的。

再過幾天，小陳終於接到韓小姐的電話，說委託了馬律師樓辦理分居手續，希望到時他到律師樓去簽字。

小陳聽在耳裏，心中一陣茫然，且有點失落的感覺，同時放心不下，不知道韓小姐是否會爭取子女的撫養權。

小陳正想刺探一下韓小姐將如何處理子女的問題時，韓小姐已在電話中說：「我會常常回來看我們的子女的，只是我不會把他們帶在身邊。」

在十分無奈中，小陳還好可以少一樣擔心。

至此，懂玄空學的讀者，都會感到「坎流坤位」的奇驗吧！既有「買臣常遭賤婦之羞」，更有分離與孤獨的效應，如應斯響。

在小陳與韓小姐分居以至辦理離婚期間，韓小姐仍經常回來看子女，有時且住幾天才離去。

到正式辦妥離婚手續後，韓小姐仍如過往那樣，喜歡的話就回來看子女，同樣是有時會住幾天才離去，不喜歡的話，有時整個月也不見人影，也不知她去了哪裏。

在辦理離婚時，韓小姐並未與小陳爭子女的撫養權，所以小陳亦沒有限制韓小姐探望子女。

同時在小陳的心目中，子女是韓小姐所出，她是應該有權來探望他們的。

而使到小陳最氣惱的是，韓小姐回來住的時候，仍常有怪誕的行為，而這些怪誕的行為，很多時候使小陳尷尬不已。

如有一次，韓小姐睡至半夜，突然起來把被褥與枕頭統統拋下街去，至翌日有人上門責問，小陳方知夜來之事。

韓小姐亦試過跑去小陳相熟朋友開的皮具店去，買了不少皮箱皮篋等皮具東西，放在家裏如開皮具店，有些用過一兩天，有些根本未用過，卻是都沒有付款的，都入了小陳的賬。

到這個時候，小陳雖已離了婚，但由婚姻帶來的煩惱並未解決，且進入氣人的一頁；韓小姐喜歡就回來住幾天，不喜歡的話就數週不見人。

在過去，小陳與她還是夫妻關係的時候，許多事還可以查問一下，但現在離了婚，連問的權利也失去了。

但小陳常認為子女是她的骨肉，她回來看他們是天公地道的事。所以並不想做得太絕，禁止她回來。亦因為小陳有這樣的思想，韓小姐進出小陳的家就十分的自由。

而小陳的煩惱，在朋友中就只有小吳知道得最清楚。

一天，小吳來找小陳，說近日遇到一位高人，一席話下來，大有所悟，也知道小陳問題的癥結所在，並向小陳提出了解決方法。

求助玄空

小吳對小陳說，日前他在一個十分偶然的場合認識了一位玄空學的高人蔣先生，據說是得自清代玄空學大名家蔣大鴻先生的真傳。

小吳說與蔣先生一席話談下來，茅塞頓開。然後方知道玄空學對左右一個人的禍福具有無比威力。這是過去自己一直忽略了的。

小陳對術數所知甚少，玄空學是甚麼也不知道，還以為是一種教人趨吉避凶的算命方法。但小吳對他說，玄空學並不是算命，它是其中一門風水學的學名，而這門風水學的徵驗性是甚高的。

小吳以極誠懇的態度輕聲的對小陳說：「你切莫誤會我把你的家事向外人張揚，我並沒有在蔣先生面前提及你的名字，我只是說有一位朋友遇到如你的問題，請教他應向哪一門術數求助才對。」

小陳連聲說對，並表示感謝小吳常常關懷自己。

小吳接着又說：「蔣先生認為如你的問題，應從玄空學上尋求解拆的方法。」

小陳正急想知道如何解拆時，小吳接着說：「蔣先生是畢生鑽研玄空學的，他對玄空學的評價較高自然難免。不過他說大部份其他術數，在算到有如你所遭遇到的問題時，很多時都感到無可奈何，只知道會有這樣的事情發生，而解拆的方法則欠奉，變成十分被動。但玄空學則不同，它是可以很主動的去解拆難題。」

小陳自獲小吳介紹吳大師算過鐵板神數後，而這幾年來發生的事又與所算十分吻合，遇到困擾時小陳又每每去找小吳商量，因此兩人已十分投契，小陳亦十分信任小吳。

當下小陳聽小吳說玄空學可以解拆他所遇到婚姻困擾的問題，而自己也實在被這問題困擾得太久了，自然便表示希望小吳介紹蔣先生給他認識。不料小吳說：「這要看機緣，我並無把握。」接着他教了小陳一個認識蔣先生的特別方法。

小吳說：「蔣先生在江湖上人稱蔣老，在玄空學上有超卓的功力，只是一生淡泊名利，喜過逍遙的生活，不輕易出手為人看風水。」小吳說到這裏頓一頓，小陳立即插口說：「我可以對他執禮甚恭，亦可重金相邀，如他能為我解決難題的話。」

小吳搖搖頭說：「蔣老此人甚怪，他是否肯出手，全不以金錢多少為衡量，要看他對你的觀感和印象如何而定。所以，富有的人未必能請到他看風水，而貧窮者亦未必全無機會。」小陳搔搔頭，心中在想，世上果有這樣的高人？

小吳接着對小陳說：「有一個方法，相信會有效，可以促使蔣老出手為你看風水。」

小陳十分留神在聽小吳說話。

小吳說：「蔣老每天清晨六時許，必在九龍某茶樓喝早茶。他有一個怪癖，是自己帶茶葉去的。他喜愛名茶，認為茶樓的茶葉不夠水平。所以，遇到有人與他談話以『茶』為題，他就會特別興致勃勃。」

小陳馬上接口說：「這還不容易，我去弄些名茶來送他不就行了？」

可是小吳卻又說：「這又不行，因為蔣老此人甚怪，你不能刻意的去送些東西給他而要他出手助你的。」小陳帶着好奇的語氣問：「那麼要怎樣才行呢？」

小吳果然有些計謀，他對小陳說：「這樣吧，找一個早晨，你先到茶樓那裏找個位置，我接着後到。我不會預先約定蔣老，只當作那天早晨起來不去晨運而去找他喝茶聊天。我見到你就會招手叫你前來，介紹你與蔣老認識，全部看來是隨緣和大家有緣，湊巧遇在一起。」

小陳覺得這個佈局甚妙，亦虧小吳想出來。

接着小吳又說：「記着，這幾天你去找些有關茶的書籍來讀，以便豐富那天的話題。」

當日是週五，他們兩人相約下週二早上一同到茶樓去「演戲」。

到了約定的那天早上，小陳絕早便到那茶樓找位置坐下，開了茶後，環目四顧，茶客不少，但他不認識哪位是蔣老，而小吳又未到。

他自顧自的在喝茶，隨意的翻閱帶來的早報，他並不是真的在讀報，也無心讀報，只一心在等小吳出現。

不一刻，小吳出現了，大家早有默契，各自詐作未有見到對方。但小陳的眼神一直暗中跟蹤着小吳，但見小吳走到不遠的一桌前坐下，與一位身穿炭灰色唐裝衫褲的男子同坐。小陳料想這人必是蔣老，但他背着小陳坐，故小陳無法看到他的面貌，只見小吳對該男子執禮甚恭，而該男子自然就是蔣老也。

小吳也真懂得「演戲」，約過了一盞茶光景，便裝作突然發現小陳坐在不遠處，隨即起來向小陳招手，一面對蔣老說，剛好遇到一位世好的朋友在這裏飲早茶。

小吳介紹蔣老給小陳認識，更推崇蔣老為玄空學當今的一代宗師。

小陳眼看面前的蔣老，紅光滿面，年紀看來約六十歲左右，身材微胖。

蔣老也注視了小陳一會，就在這時候小吳裝模作樣的對小陳說：「你不是約了朋友來喝早茶吧？」小陳忙不迭說：「不是，不是，我自己一個人上來打發時間而已。」

小吳再如唸對白的說：「那太好了，這麼湊巧，那你就過來與我們一起吧，總勝過你一個人孤獨的喝悶茶。」隨着小吳躬身的對蔣老說：「我這位朋友對『茶』是甚有研究的，他每年花在喝茶上的錢倒也不少。」

小吳說完這番話後，好像是唸完了開場白那樣，在留意蔣老的反應。

小陳這時候也已經不客氣的坐下來，並示意茶樓的夥計把他的杯碟拿過來。但蔣老則在低首沉思，掐指計算，也不知他在算甚麼了。

小陳本來想先開腔，見蔣老這樣便也打住了。不一刻，卻是蔣老先開腔，他只說了一句話，已使小陳和小吳瞠目結舌。

高人相助

在術數圈中有一個很奇怪的現象，不少的玄空學高手，是兼習六壬數的。六壬數的妙處，是對眼前突然發生的事，能洞悉其動機和奧秘。

蔣老因為見小吳之「偶遇」小陳，並招他過來共桌，便立即起一課，看看他們搞甚麼鬼。

蔣老掐指計算了一刻後，立即微笑的對小陳說：「你有家事的煩惱，想我出手助你解決，對吧？」

小陳和小吳立即瞠目結舌，心想怎麼這人如此厲害的，人家的心事他竟能看穿，那麼這場「戲」不是白演了！

蔣老喝口茶然後對小吳說：「你雖是串同小陳『演戲』，亦是主謀，但因為你的出發點和動機是好的，有助人的熱誠和好心，所以我不會怪你。」小吳聽蔣老這麼說，輕輕的舒了一口氣，在心中佩服蔣老之餘，更覺這位老人家亦甚為明理。

小陳坐在一旁，心中正在想不知這位術數高人會否助自己一臂之力時，蔣老卻說話了，他說：「我與這位陳先生也算有緣，且看我的功力能否助他解決煩惱。」

小陳聽蔣老這麼說，馬上提起茶壺替蔣倒茶，然後十分恭敬的說：「多謝蔣老師答應指點迷津。」

小陳一下子獲得蔣老答允出手相助，自然喜出望外。但其實蔣老起了一課，和注視了小陳一會，從卦象和小陳的氣色，他已知小陳被煩惱纏了多時，也快到要告一段落的時候，只是若有玄空學的助力，可使小陳更快脫離煩惱。

而小陳到這個時候才找到玄空高手，亦與他的運氣將要轉變大有關係。

三人當下繼續喝茶，但已約定了蔣老下週到小陳的公司和住宅看風水的時間。而小吳既熱心也好奇，說屆時會親自駕車去接蔣老，目的自然是親眼見到高手如何出招。

轉眼，到了約定時間，小吳接了蔣老去小陳的公司，卻發生了使各人十分尷尬之事。

小吳接蔣老到了小陳的公司，小陳自然忙不迭出迎。在蔣老細心巡視公司各處時，韓小姐突然回到公司來。

韓小姐好像知道蔣老在看風水，走到蔣老的面前高聲的說：「我是一九六一年生的，這房子合我用吧？」

蔣老見韓小姐似是女主人的口氣，但又不知她是否小陳的太太，便轉頭看小吳和小陳有何反應。

小吳和小陳都料不到韓小姐在這時候出現，一下子不知應如何介紹，都表現得十分尷尬。

韓小姐見大家不說話，便指着小陳，對蔣老說：「我姓韓，以前是他的老婆，現在不是了！」說完哈哈笑。

小陳只差地上沒有洞，不然必急急的鑽入去。還好這天是星期日，公司裏沒有職員，否則的話小陳將更難堪。

蔣老這時不說話，在掐指計算，不一刻，示意小陳到他的身旁，輕聲的對小陳說：「你在大門上掛一個小小的金屬銅鈴，每次有人出入時，大門都能發出金屬的聲音，那問題便可解決了。」

小陳唯唯諾諾，心想這麼簡單就能解決問題，是真還是假？雖然知道蔣老是玄空高手，但心中也不免有點疑惑。

隨着蔣老示意可以離去，轉到小陳的家裏去看看。

三人到了樓下，準備乘小吳的車去小陳家裏時，韓小姐亦步亦趨，就在開車門上車的時候，韓小姐一個不小心，給車門撞擊了頭部一下，碰的一聲，韓小姐兩手掩着頭部雪雪呼痛。蔣老與小陳、小吳都看在眼裏，急問她可有事，韓小姐卻一邊用手擦頭，一邊説沒事。

車子拐了幾個彎，很快的便到了小陳家裏。蔣老下車後，取出羅盤測量了一下，隨着便與眾人一同到樓上小陳的家去。蔣老入屋不久，便哈哈大笑。

蔣老在哈哈大笑，小陳和小吳都感到莫名其妙，也不知蔣老在笑甚麼。

而韓小姐入屋後，便立即走入子女的房間。這時客廳中就只有蔣老和小陳、小吳三人。蔣老笑完後便對小陳和小吳説：「我看了這麼多年風水，個人的住宅與辦事處的風水十分相似的，不是沒有，但以陳先生這個案例為最，簡直是一模一樣的，而且連巒頭、來路也相似。所以，我看這個『坎流坤位』的格局也夠陳先生受了。」

小吳和小陳都不明白甚麼是「坎流坤位」，正想問一下蔣老時，蔣老已接着説：「這屋的風水格局如何你們不必明白，但陳先生住在這裏，相信早已受夠太太的氣了。」

小陳連聲說：「對，現今且離婚了。」

就在這個時候，韓小姐手抱着女兒，另一手拖着兒子走出客廳來，女傭則跟隨在後面。

韓小姐因為較早前為車門撞擊了一下頭部，額前清楚的有一紅紅的疙瘩，只是從神情看來，卻十分正常。

韓小姐走到小陳的身旁說：「且聽這位老師說我們家有甚麼不對勁的地方，要好好地記着，把它一一化解。」語氣儼然是小陳的太太，好像未有離婚似的。

小陳看着韓小姐，覺得她好像有了轉變，說話忽然很得體，心中正在奇怪。

而蔣老見韓小姐忽然變成慈母的樣子，心中納罕，也暗暗慶幸自己剛才的說話沒有讓她聽到。

韓小姐突然的轉變，小吳也看在眼裏，但他同樣不知道原因。

大家默然了一會，蔣老把羅盤放回手提包裏，然後對小陳說：「你去買一個大的皮蛋缸回來，盛滿水放在露台上。另在大門入口處，掛一個會報時的魚尾鐘。」

蔣老表示小陳如照他的方法做，很快就會見到效果。

隨着蔣老對小陳附耳說了幾句話，只見小陳連聲說：「好好，一定，一定。」

蔣老對小陳附耳輕聲說：「你明早到茶樓來，我有話對你說。」

小陳心中感到蔣老必定有些頗具關鍵性的東西告訴他，所以連聲說好。

翌晨，小陳一早便到茶樓去，只見蔣老已靜悄悄的坐在一角在讀報。小陳走到他身邊，恭敬的說了聲早晨，蔣老示意他坐下。夥計開茶後，蔣老摺起報紙，喝了口茶便問小陳說：「我教你的東西都弄妥了嗎？」

小陳答說：「都依老師吩咐一一弄妥了。」

蔣老連聲說好，隨着十分鄭重似的對小陳說：「我今早叫你來，是想清楚的說明一些東西給你知道。」

蔣老對小陳說，雖然只教他做了三件事——公司的大門掛上金屬銅鈴、住宅的大門掛上魚尾鐘、露台上置一盛滿水的皮蛋缸，可是不可小覷這些東西，很快會見效的。

蔣老說這個佈置，可以替他減去許多的家事煩惱，但財氣可能略為轉弱，正是一得一失，無可避免，但總勝於長期與煩惱為伍也。

所以蔣老建議小陳，因為他的公司與住宅的風水格局都不高，所以不管家事煩惱是否已獲得徹底解決，都不妨考慮搬遷。小陳至此才恍然大悟，原來過去幾年來的煩惱和弄致離婚，是與住宅及公司的風水攸關的。

這頓早茶喝下來後，小陳心中已有了主意，第一先觀察一下韓小姐是否恢復正常不再鬧事，第二就是找地方搬遷。

果然，接着而來的幾個星期，韓小姐表現得十分正常，每天都很細心的照顧子女，也懂得吩咐女傭做這做那，儼然是個賢妻良母，只是每天晚上都只在兒女的房間睡覺。

一天晚上，小陳回來晚了，洗澡後便躺到牀上。小陳這夜思潮起伏，無法入睡，想到韓小姐似已恢復正常？蔣老果有功力。輾轉反側，又想到韓小姐上車時撞擊了一下頭部，難道這有助於恢復正常，想到這裏，聽到幾下敲門聲，韓小姐突然推門入來。

有似復合

韓小姐坐到小陳牀沿，帶點懇求的語氣對小陳說：「我有一事求你，希望你能和我合演一齣戲。」

小陳愕然，忙問：「演甚麼戲？」

韓小姐答道：「我有一年邁的姑媽住在澳門，你是知道的，當年也是因為我代表姑媽談判出售樓宇你才認識我的。姑媽最近會來港，她是不知道我們離了婚的，我也沒有告訴她，所以我希望到時你……」

說到這裏，小陳已明白過來，知道韓小姐要他合演甚麼「戲」。

韓小姐接着又說：「我姑媽很疼我的，所以近年我不開心時就常回去她那裏住。」

小陳至此才恍然，原來韓小姐過去的「失蹤」，其實是到澳門姑媽家裏去住，難怪在香港怎樣也找不到她。

「明有夫，暗有夫」這個疑團在小陳心中藏了超過兩年，至此才告釋然。

最後韓小姐站起來說：「時候不早了，我也要去睡了。不過記住，姑媽來港時，你千萬不可對她說我們已離了婚。」

小陳點點頭表示答應，眼看着韓小姐關門出去，心中有種若有所失的感受，而這種感受，小陳是許久未有過的。

而此後連接下來幾個月，韓小姐都顯得十分正常，未有鬧過事，亦未有再「失蹤」。而幾個月下來，韓小姐一直都是住在小陳家裏，對子女的照顧無微不至。

漸漸的韓小姐有時也到小陳的公司去幫他辦事，雖未有如過去的積極，但也做得十分投入。公司上下人士，也不管他們是否已經離婚和不再是夫妻關係，同樣如以往那樣呼韓小姐為陳太。而韓小姐亦不以為忤，小陳亦沒有出來更正。

再過了半年，小陳與韓小姐簡直是復合了似的。

一天下午，小陳在辦公室辦公，突然心跳加速，好像預兆着甚麼，隨即接到小吳的電話。小吳在電話中對小陳說：「我昨天見過蔣老。蔣老十分關心你，問起你近況如何，我說比以前已有很大的改善。最後蔣老要我轉告你，不要忘記搬家和搬寫字樓。」

小陳唯唯，小吳接着說：「蔣老說如果你到年底還未搬遷，那麼因流年的關係，明年你可能又再遇到更煩惱之事。」

小陳聽說明年可能又再遇到更煩惱之事，實在無法不驚心。說甚麼也得把搬家與搬寫字樓看作是首要之事，全力進行。

果然，小陳在立秋前後找到了地方搬遷。說也奇怪，這次找到的住宅與寫字樓的風水，又同是一模一樣的，也是六運坐午向子（即坐南向北）的建築物，同樣是走坤宮（西南）門。

小陳自經歷這次變故後，對蔣老的風水學十分信服。所以這次搬遷，住宅和寫字樓都經蔣老看過，是蔣老教他如何佈局的。

但小陳的心中一直惦記着，那天蔣老看他新居與新辦公室的風水後，曾經對他說：「以後夫唱婦隨，不會再有事的了。」

而這話一直使小陳感到不解的是，雖然韓小姐住在自己家裏，亦已經和好如初，但畢竟是離了婚的，是否仍可說「夫唱婦隨」呢？

小陳亦為這事問過小吳。但小吳也不知道該如何作答，只是輕描淡寫的說：「可能你們將來會真的復合，重新再註冊為夫妻呢！」

但小陳鍥而不捨的再問：「但鐵板神數既無批我離婚，亦無批我會復合，那又作何解呢？」

小吳也只有支支吾吾，真的他亦不知道答案，而小陳心中的疑團也一直無法解開。

一天晚上，大雨傾盆，雷電交加，小陳躺在牀上胡思亂想。忽然韓小姐推門而入，一支箭的鑽上牀上抱着小陳，顫聲的說：「我很害怕……」

小陳也一個轉身，把韓小姐緊緊的擁入懷裏。這時雷聲大作，窗外的天空繼續忽明忽暗。

小陳的故事，至此也告一段落。

第四章

剋妻之象

擇日結婚

世上湊巧的事和使人無法解釋之事經常不斷的出現，這才使江湖術士、神棍等之流有機會生存下來。

亦可能天意如此，才使人更不容易窺破天機。

另一個奇情玄空故事，發生在六十年代後期的香港。在一個初秋的晚上，有一部黑色的小型房車停在赤柱近海灘不遠的一個空地上。車上有一男一女，男的右手按着駕駛盤，左手則輕輕把女子擁在懷中，默默地看着天際星星在閃爍，享受着浪漫溫馨的時光。

這對情侶，男的姓林，單名一個山字，是一間貿易公司的高級職員，年紀約三十歲，短髮，架黑框眼鏡，外貌精明。

女的名字叫馮鳳，矯小玲瓏，瓜子臉形配上短髮，年紀看來二十餘歲，在銀行任職。

他們兩人已戀愛成熟，正計劃結婚。

那天晚上，他們駕車到赤柱海灘，一方面欣賞星星，一方面在討論何時通知父母和籌備結婚事宜。

兩人靠在車頭的沙發上，林山輕擁着馮鳳，天際的星星當夜似乎特別明亮，似是象徵着這對戀人的心境。

在靜寂無聲的夜空中，忽然出現一顆十分光亮的流星，在遠處劃空而過。馮鳳看見了，輕輕拉了林山一把，柔聲的說：「你快點許願，據說看見流星飛過的時候許願是挺靈的。」

林山還未及作答，忽然咳個不停，一轉眼間流星已不知飛到哪裏去了，林山才停止咳嗽。

馮鳳見林山不再咳了，便以關懷的語氣問林山道：「你沒事吧！」林山撫撫胸部說沒事，隨着遠空又有流星劃空而過。

馮鳳正想說話，林山又咳個不停。

馮鳳心中在奇怪，他準備起甚麼願，這麼邪門的？

馮鳳輕聲的問林山道：「你患了感冒嗎？」

林山從衣袋摸出了手絹，掩着鼻子對馮鳳說：「沒有啊，不知為甚麼會突然咳嗽起來。」

馮鳳見林山不再咳了，便以好奇的心態問林山道：「你剛才準備起甚麼願？」

林山柔情地望着馮鳳，微笑對她說：「在這樣美麗的環境底下，我會起甚麼願，其實你也應該猜到的。」

馮鳳是一位十分聰明能幹的女性，林山會起甚麼願，她當然猜到八九分。只是她覺得事情有點奇怪，心中一份說不出來的不安，然後刻意追問林山他到底準備起甚麼願。

終於林山在馮鳳的耳邊輕聲說：「我的願望是，願我們能天長地久、長相廝守，直到白頭。」

馮鳳轉身在林山的面頰上輕吻了一下，然後對林山說：「我們不要再說話，看天際還有沒有流星飛過，有的話你就快點起願。」

兩人果然不再說話，在車上擁抱在一起，等待天際再有流星劃空而過。

不知天公是否有意弄人，在剛才短短的十幾分鐘時間內，就有兩次流星的出現。但當林山與馮鳳全情投入注視之際，希望再有流星出現的時候，卻等到深夜仍未見再有流星出現。

林山看看手上的腕錶，見時間已不早了，便對馮鳳說：「我們回去吧，明天我們把計劃告訴了父母後，晚上我再來接你，聽聽老人家有甚麼意見。」

翌日，林山在接近下班的時間，打了一個電話給馮鳳，要她別忘記向父母提出要結婚的計劃，並約定晚上九時在她住宅的樓下相見，到時駕車來接她。

時屆，林山駕了一部黑色的房車在約定的地方等馮鳳，不久見馮鳳身穿一套淺藍色的套裝出來，淡妝中有一股頗特有的秀氣。

馮鳳上車後，林山便把車子直向赤柱駛去，準備再去昨夜看星星的地方。途中，林山似滿懷心事，馮鳳也看出來了。

馮鳳問林山道：「你好像滿懷心事似的，有甚麼不開心的東西說出來聽聽，且看我能否代你解決。」

林山一邊駕駛一邊說：「沒甚麼，待會到了赤柱海灘停下來時我才告訴你吧。」

車行了數十分鐘，已經到了赤柱，林山把車子停在昨夜看星星的空地上。天上的星星依舊，但林山的心境卻不如昨夜那樣好。

還是馮鳳心急，她對林山說：「好了，快點把你的心事告訴我。」

林山緩緩的轉過身來望着馮鳳說：「我說出來你可不要怪我。」

馮鳳說：「不會，不會，你放心好了。我們還有甚麼不能說的。」

林山便把自己如何向父母提出要結婚的始末告訴馮鳳。最後林山說：「你是見過我爸爸和媽媽的。媽媽倒沒甚麼，但爸爸卻是個頗為頑固而又迷信的人。爸爸說要拿你的生辰八字給他最相信的一位算命先生算一算，既可看一下我們是否相配，也可請他代我們擇一個良辰吉日。爸爸還說過聘禮的日期也要擇個吉日吉時。」

林山一口氣說到這裏，停了下來在看馮鳳有甚麼反應。

不料馮鳳不假思索的說：「我以為你遇到甚麼難題，這有甚麼大不了。只要他老人家不反對我們結婚，我們依他一些規矩那又何妨。」

林山喜出望外的說：「想不到你那麼明理，不過你爸爸和媽媽是很洋化的，他們會接受這一套嗎？」

馮鳳似很有把握的說：「你不要再婆婆媽媽了，我爸爸和媽媽雖然洋化，但很開明的，你不必擔心。」

馮鳳顯得很有信心，指着天空對林山說：「不要想那麼多，且看天際是否有流星出現，有的話我們快點許願。」說完兩人就全神貫注望着天際，盼望流星出現。

世事每是如此，你愈想得到的東西，或期望它出現的東西，很多時就得不到或偏不出現。

林山與馮鳳就是這樣，他們未想到要對着流星許願，十餘分鐘內就有兩次流星的出現。到他們全神貫注的望着天空，期望流星出現的時候，卻等了整個晚上都未再見到有流星出現。

直至深夜，林山與馮鳳都有點失望。林山開車送馮鳳回去。途中，馮鳳對林山說：「我明天問我媽媽，知道我是幾點鐘出生後，我就會打電話告訴你，至於我的生日你是知道的。那麼，你便可把我的出生資料給你爸爸，讓他拿去給算命先生算算，且看我們是否相配和讓他據此為我們擇個結婚的良辰吉日。」

林山唔的一聲，隨即說：「萬一算命先生說我們不相配，那又怎麼辦呢？」

倒是馮鳳信心十足，微笑說：「不相配便不結婚好了。」

林山聞語愕然，氣急道：「那怎麼行？」

馮鳳到底不失為一個有主見的女性，她對林山說：「在現今開明的社會，男女都有獨立的經濟能力後，何嘗聽過有父母可阻撓兒女的婚事的？如果你我其中一人出自豪門，那情形可能不同，可以因某種不為外人知的原因，出現家長的阻撓和壓力，以致拆散鴛鴦。」

說到這裏，車子已到了馮鳳的家門。兩人相約明日中午通電話後，馮鳳便下車離去。林山望着她的背影，想到她剛才的說話，十分佩服她處事之信心。

翌日剛好是星期日，中午時分林山在家接到馮鳳的電話。知道了馮鳳的出生時間後，便立即轉告父親。林山的父親年約六十歲，是一位宿儒，人稱林伯。他最信一位命理家外號叫「信天翁」的，他叫林山拿自己的八字和馮鳳的八字到信天翁那裏去算和擇個結婚的吉日。

林山如言依址去找到信天翁，是一位頭髮斑白，身材肥胖似彌勒佛的老翁。他看過兩人八字後，神色凝重。

信天翁問林山道：「你父親也懂命理的，對吧？」隨着十分細心的注視着林山，似在替他看相。林山答道：「對的，不過他認為你才是高手。」

信天翁微笑，接着說：「你和你女朋友的八字是他草列的吧？」

林山恭敬的答道：「對，我的八字他早已知道。而我女友的八字，他是剛才知道後即席草列出來的，沒有錯吧？」

信天翁在掐指計算，沒有答話。

在過去以至現在，都有不少讀書人懂得草列八字的，只是子平命理這東西易學難精，許多人就停留在僅懂皮毛的階段，始終未能好好的去分析一個命造。林山的父親林伯，情形就是這樣，所以才自己起草好林山與馮鳳的八字後叫林山拿去給信天翁算。

過了一刻，信天翁對林山說：「這樣吧，你先回去，我替你選好了結婚和過聘禮的吉日良辰後自會通知你。」

林山謝過信天翁後離去。駕車回家途中，他總覺得有點兒不對勁似的，但又不知道甚麼地方不對勁。忽然他想起有一位同學小董，過去在學校時被認為是最迷信的人，有開玩笑的同學就給他一個綽號叫「董神仙」。他既醉心術數而對術數也有研究，出來做事後，業餘時間仍以鑽研術數為樂事。想到這裏，林山覺得去找小董談談也是好的，反正大家也許久沒有見面了。

他把車子停在路旁，走入附近一家商店借電話打給小董。果然也有點運氣，一下子給他找到了小董。在電話中林山表示想約他出來談談，小董滿口答應。大家約定明日下午下班後在中環一間酒店餐廳見面。

翌日，林山依時到酒店餐廳去，坐下了片刻，就見小董來到。小董身材高瘦、短髮，面色帶青，一個書生的型格。兩人談了一會近況後，林山就把自己的八字和馮鳳的八字給小董看，笑稱請董神仙指點迷津。

節外生枝

林山開門見山地對小董說：「我想今年年底結婚，請你看看是否順利。」

小董拿過林山給他的一張信紙，上面寫有林山與馮鳳的八字的，看了一會後便在掐指計算，不一刻，自言自語的說：「原來紫微星在辰宮。」

林山聽在耳裏，忙問甚麼紫微星，他並不知道小董是在把八字轉為紫微斗數。

小董繼續在推算，沒有答話。

大約過了十分鐘，小董似已胸有成竹，又再自言自語低聲的說：「命宮在卯，甲年生人，那麼太陽化忌守夫妻宮了。」

林山完全聽不懂小董在說甚麼，問：「你是在替我算命嗎？」

小董算命確是十分投入，他好像完全聽不到林山問他似的，只顧繼續的掐指推算。

小董再推算了一刻，接着便好像從另一個世界走回來那樣，十分正容的對林山說：「你且不要動，讓我看清楚你的相。」

林山果也一動也不動的讓小董看。

不一刻，小董又對林山說：「請你給你的左掌我看看。」

小董細心的看了一會後，又再自言自語的道：「太陽化忌守夫妻宮，配合面相上奸門低陷，左掌上婚姻線有開叉……。」

林山雖然聽見小董在自言自語，卻不知道他話裏的意思。

懂術數的讀者至此應該知道林山無論在紫微斗數、面相而至掌紋，都有相同的啓示。特別從紫微斗數而論，太陽在丑宮化忌，必有煞星陀羅同宮，若再遇火鈴拱照，而無其他吉曜化解的話，這個夫妻宮情況十分不妙。

小董再細略地算算馮鳳的八字，隨即對林山說：「你今年年底不可能結婚的。」

林山跳起來說：「你沒有算錯吧？我們都已經在選擇結婚日期了，難道還會節外生枝？」

果然，日後這個「節外生枝」是林山做夢也想不到的。

小董甚有把握的說：「我不與你爭辯，大家可以拭目以待。據我推算所得，你不可能在今年年底前結婚。」

林山搔搔頭，自言自語的說：「沒有可能吧。」

小董見林山滿臉子不相信他的神氣，接着又說：「縱使你明年結婚，為了將來太太健康着想，你也有很多東西要注意，到時我會教你一些辦法。」

林山半信半疑的問：「是甚麼原因和有些甚麼辦法，你現在不可以告訴我嗎？」

小董本來不願意說的，但怕林山誤會他故意賣弄關子，便只好直說。小董說：「根據你的星盤、面相和手相，都有『妨妻』之象。所以你必須謀求補救之道，如果真的愛你的太太的話。」

小董雖是業餘鑽研術數，但有一定的功力和修養。他只輕描淡寫的用「妨妻」這字眼，是有所保留和不想刺激林山過甚。

林山反問小董：「若我的命相果真『妨妻』，那真有補救的辦法嗎？」

小董似甚有把握的說：「有的，但你必須遵行我教你的辦法。」

林山再問：「那現在你不可以告訴我嗎？」

小董直截了當的說：「現在時機還未到，而且你今年肯定不可能結婚，急甚麼？」

林山知道無法勉強小董，便改問小董：「據你推算，那我甚麼時候才走好運，有沒有機會飛黃騰達呢？」

小董答得甚快的說：「有，但要在三十六歲之後。」

兩人再談了一會後，林山搶着付過賬，並表示感謝小董給他解答了這麼多問題。兩人分手時，林山心中最感到不解的是，小董憑甚麼說自己年底之前不可能結婚？林山的心中一直在想，既無雙方家長反對，亦無經濟問題，而且現在已在揀選結婚的良辰吉日中，甚麼原因可致拖延婚事呢?林山怎也不肯相信。

轉眼過了兩個星期,信天翁了無消息,林山打個電話去問,所得答覆使林山大惑不解。據接電話的人說,信天翁出了門,要一個月後才回來。

林山連忙問:「那麼信老師是否有東西留交給我,或者已給我擇好結婚的良辰吉日等?」

不料對方答稱:「信老師因趕着出門,所以未有時間替你選擇結婚的良辰吉日。他臨出門前尚且說如果你不能等,最好另請高明。」

林山感到不解的是,擇日並不會花很多時間吧,甚至在旅途上做也可以的。信天翁是否故意迴避,不替自己擇日呢?那麼是否真的應該另請高明呢?

林山為了想早日結婚,便把信天翁出門遠行之事告知父母,並希望父親換另一位命理名家擇日。

不料林山之父親林伯也真的頗為頑固,他只信任信天翁,所以聽到信天翁出門遠行去了,也就要林山等信天翁回來再說。

林山本來十分不滿,但每想到馮鳳說:「只要他老人家不反對,我們依他點規矩又何妨。」便又只好乖乖的等候信天翁回來。

在這段時間內，林山每次約馮鳳外出，幾乎都表示不滿意父親堅持要等信天翁回來擇日。但馮鳳每次都好言相勸，要林山有點耐性。

馮鳳的確是一位甚有主見的女性，她對林山說，結婚雖然是兩人之事，但若為了擇日那麼小事而引致老人家不滿，將來大家也不好過，那又何必呢！

林山覺得馮鳳的話也確有道理，雖然心急結婚，但也無奈。

轉眼過了一個多月，這時已接近九月。林山天天打電話去查問信天翁是否已經回來。每次都留言說有一位姓林的等待他回來擇日。

終於，有一天林山又再打電話去查問，接電話的人說信天翁寄回來一封信，說明轉交林山先生的。

林山急忙駕車趕去取信，並立即拆閱。但讀過信後，頓時感到啼笑皆非。

林山拆開信件來看，是信天翁寫給他的，全文如下：「林先生大鑒：因事匆促離港，轉瞬一月。驚悉閣下仍等待老拙代為擇日完婚。信念之誠，使老拙深為感動。然翻閱黃曆，則本年所餘日子，未有適合作為閣下大喜之日。故建議不若改遲至明年初春時間，屆時春回大地，自有良辰吉日，適合閣下選為婚喜之期。耑此奉覆，並候近安。信天翁拜上。」

林山一口氣讀完信天翁的信後，屈指一算，距離過年還有四個月，怎麼四個月內都沒有適合嫁娶的日子，不是開玩笑吧？

林山在啼笑皆非之餘，想起了小董說他今年內不會結婚，心想怎會這麼湊巧的。尚好林山知道小董與信天翁兩人是不認識的，否則的話，真的會懷疑他們兩人串同來開自己玩笑。

林山確實甚愛馮鳳，馮鳳既然答應嫁給他，他自然希望早日娶馮鳳過門。本來雙方父母既不反對，亦無經濟問題，應該十分順利進行才是，不料卻為了擇日，一拖再拖。

林山駕車回家，心中在盤算如何可以說服頑固的父親，或者提出一個折衷的辦法，使此事有轉圜餘地，讓他可以早日與馮鳳結婚。

回到家裏，林山迫不及待的問開門的女傭好姐，老爺是否在家？好姐答：「老爺在書房裏。」

林山轉到書房，輕敲一下房門便推門入內，見父親手持一本線裝書在閱讀。

林山把今日收到信天翁的信和要他延期至明年才結婚之事告知父親，並且表明自己實在不願延期，問父親可有甚麼折衷的辦法。

林伯脫下老花眼鏡，十分嚴肅的對林山說：「你急甚麼？終身大事，何爭朝夕？幾個月時間，轉眼就過去的。」

林山知父親頑固，說一就一的，與他爭辯也無用。便匆匆下樓駕車去找馮鳳，把事情始末告訴她，看她有甚麼辦法。不料馮鳳聽後，提出了一個要求，使林山更感為難。

多一難題

結婚本來是開心的事，卻因「擇日」而帶來煩惱，這是林山與馮鳳都始料不及的。馮鳳細心聽林山一口氣說完如何與父親商量，希望不要延期，能在年底之前結婚，結果林山父親還是堅持信那算命先生的話要把婚期擱置到明年。

馮鳳對林山說：「你父親既迷信而又頑固，看來與你和我都會有很深的代溝。在這種情況下，如果我與你結婚後，與你父母同住，看來不容易相處融洽。」

馮鳳說到這裏，眼睛溜轉一下，林山誤以為她悔婚，馬上心急的說：「不會的，不會的，他們都很疼我的。」

馮鳳接着說：「他們疼你是一回事，能否與媳婦融洽相處又是一回事。同時據我所知，父母愈疼兒子的，愈難與媳婦相處得好。」

林山一時語塞，也不知怎麼答她。林山並無兄弟，只有兩位姊姊，都已出嫁。所以父母都很疼他那是千真萬確的事。

馮鳳雖然嬌小玲瓏，但精明能幹，她隨着對林山說：「你聽過『相見好，同住難』這句說話吧？」

林山答道：「當然聽過。」

馮鳳十分認真的對林山說：「你聽過就好了。那麼我們結婚不要與你父母同住，另外找個地方居住，組織我們的小家庭，有我們的小天地，那麼我們的生活會是快樂的。否則的話，萬一我與你父母有衝突，你站在中間，幫我還是幫你父母呢？」

馮鳳的話，林山聽來也覺得有道理，只是怕又再節外生枝。結婚後搬出去住的話，又不知父母是否同意，萬一父母反對的話，那真是夜長夢多了。所以馮鳳提出這個要求，林山頓感又多一道難題。

林山對馮鳳說：「如果我們結婚後不與父母同住，那麼現在就要開始找居所了。」不料馮鳳說：「你先回去問過你爸爸才說吧，找地方還不容易。」林山的表情，一下子顯得十分尷尬。

林山當夜回到家裏，一夜無眠，心中估計父母是否會反對他結婚後搬出去住。萬一父母果真反對，又應該用甚麼方法説服他們呢？林山輾轉反側，無法入寐。再想到小董説他今年底無論如何不會結婚，看來必然靈驗了，心裏暗中佩服小董在術數上的造詣。

林山未研究過紫微斗數，當然不知道根據紅鸞星來看婚喜之事的準繩度是怎樣的。

翌日，林山在公司裏也無心工作，整天在想如何與父母商量婚後搬出去住的事。

在快要下班的時候，他打了個電話給馮鳳，説無論如何要在今天晚上説服父母，要馮鳳等他的好消息。林山下班後，立即匆匆趕回家。裏晚飯後，他拉父親到書房去，説有事和他商量。林山開門見山的説想結婚後搬出去住，希望父母答應。

不料林伯劈頭就問：「是你的未來太太教你的嗎？」

林山料不到父親有這一問，但知道決不可説是馮鳳的主意。當下便硬着頭皮説：「不是，是我自己的主意。」

林伯又再問：「那你為甚麼要搬出去住呢？」

林山對這個問題早有了準備，他知道父親必有這一問，所以昨夜想了一夜如何去答覆他才會是最得體的：

終於，林山十分鎮定的說：「我想嘗試一下過獨立的生活……。」

林山還未說完，林伯已說：「如果你目的想過獨立的生活，那倒是好的。男孩子應該給自己一些考驗。」

林山聽父親這麼說，當堂喜上眉梢。

林伯隨着說：「我看香港的地價還會上漲，所以你應該用分期付款方式買房子，每月供款看作是儲蓄。如果你沒有足夠的首期款項，我可以給你。」

林山這下子真的是喜出望外，正想返回睡房打電話給馮鳳，林伯卻叫着他，原來是有一個附帶條件的。

林伯對林山說：「你看中了房子後，在買之前，最好先請你表哥『阿強』看一看風水，要風水好的房子才可買。否則的話，我是不贊成你搬出去住的。」

林山有個表哥叫做「阿強」，自己做點小生意，卻業餘去研究風水學。他既無師承，亦不聰明，所以雖然鑽研了多年，仍屬甚低層次，甚至未窺堂奧。他懂的只是一些十分皮毛的「八宅法」。但因初期有運，偶然替人看風水卻給他歪打正着，結果，他就自以為懂風水學了，而最不幸的是林伯竟然信他。

林山想不到父親剛答應讓他結婚後搬出去住，卻突然又附加一個條件，要他在買屋之前先看風水，還指定了表哥阿強來替他看風水。但無論如何，林山對父親這次所提的附加條件，心中知道他的本意和出發點都是好的，所以林山完全接受下來。

在接着下來的個多月時間，林山與馮鳳便真的四出找房子，但都未能找愜意的，不是價錢太貴就是地方太小。

到接近過年的時候，林山與馮鳳看中了一所房子，是新蓋的，時值六運，坐子向午（亦即坐北向南），走兑宮（西）門，加上向前有水，坐山巒頭亦吉，本來是頗為難得的吉宅。但不幸的是林山為了順父親的意思，請表哥阿強去看風水，看看是否適合作為結婚後的新居。

阿強在風水學上實所知甚少，他竟然說這所住宅並不適合林山居住。他所持的理由十分簡單，他說林山是「西四命」人，而那所房子是屬於「東四宅」，所以不適合林山居住云云。

讀者不要奇怪，這種風水先生在香港也多的是，甚至在海外也有，而且有些因懂得宣傳，而有了一定的知名度。

林山結果因此而走了寶，他信阿強的說話而沒有要那所房子。

而最不幸的是，後來林山買了一所使他遺憾終身的房子，卻是阿強看過説是好風水的。

誤購凶屋

林山與馮鳳後來又看中了一所房子，自然又是請表哥阿強去看看是否好風水。

這所房子是六運坐未向丑，走兑宮門，前面甚近之處有高山如屏障，巒頭不吉，加上低層，懂玄空學的讀者已應知道此屋不可取。理由是六運坐未向丑（即坐西南向東北的第一卦），走兑宮（西）門是為飛星二五到門，二五交加而損主，且多主女主人健康不佳，嚴重者可至出鰥夫，而最要命是巒頭不吉，十分難以解救。

但最不幸的是，林山所「信」非人，他的表哥阿強卻説此屋適宜他居住。

阿強所持的理由十分簡單，他認為坐未向丑的屋是屬於坤宅，是為「西四宅」之一，適合屬於「西四命」的林山居住，且開兑宮門是為「天醫」，住此屋之人健康會甚好云。但情況剛好相反，又豈是僅懂皮毛的阿強所知。

結果林山就因信阿強所言，把那所房子買下來，準備結婚後搬進去居住。

而阿強後來把林山害得更慘的是，在林山準備搬進去居住時，阿強教他如何安牀和作灶，結果弄到林山抱憾終身，這是後話。

這時已十分接近年底。而說也奇怪，林山自從買下該所房子準備作為婚後新居後，運氣似乎日漸走下坡。許多奇奇怪怪和不應發生的事都發生了。林山覺得有點不對勁，但又不知道問題出在哪裏。

有一天，林山在辦公室裏，心神不屬，不停「眼跳」，他覺得這可能是個不甚好的預兆。剎那間，他想起了小董這位舊同學，便打電話去找小董，約他下班後到中環某酒店餐廳喝下午茶。收線後不久，馮鳳打電話來，問林山下班後去哪裏？林山把約了小董的事告知她。不料馮鳳說：「我也很想見見這位『董神仙』，如果你們沒有甚麼機密的事談，那麼帶我一同去如何？」

林山本來不願意帶馮鳳去的，但經不起馮鳳的一再要求，便終於與馮鳳一同去見小董。

到了約定的時間，林山與馮鳳到了酒店餐廳，坐下了好一會，才見小董來到。

林山介紹小董給馮鳳認識，說他就是「董神仙」。在兩人點頭為禮時，林山對小董說馮鳳是自己的未婚妻。

大家寒暄了幾句後，林山就讚小董說：「你上次說我今年年底無論如何不會結婚，果然給你說中，真的是高手，名不虛傳。」

小董客氣的說：「偶然撞中而已。」

林山接着就問小董道：「我打算明年初結婚，新居亦已準備好了，請你算算是否順利或者再有甚麼波折？而且你亦說過會教我幾個辦法，若我能遵行則將來在事業上會順利許多。」林山不敢提到「妨妻」這字眼，故意把那些辦法說成是與事業掛鈎。

小董亦心內明白，但幾次像是欲言又止的樣子。終於小董對林山說：「這樣吧，明年立春之後，在你結婚之前，我把那些辦法告訴你。」林山覺得小董老是在賣關子，有點不悅之色，但小董好像完全沒有看到的樣子。

馮鳳看在眼裏，輕拉了林山一把，然後對林山說：「你急甚麼，總之董神仙到時肯教你便是。」

但馮鳳發現小董其實是在注視着自己。

不一刻，小董在掐指計算，然後對林山和馮鳳說：「明年的事暫且不談，但我看馮小姐的氣色，恐怕在年底之前會有非常不愉快之事發生，從現在起應該步步為營，家居應該請風水名家看看，會有幫助的。」

馮鳳隨即說：「我爸爸和媽媽都是十分洋化的人，他們不信風水這一套的。」

小董作了個鬼臉，然後說：「這就沒有辦法了。不過，你最低限度也應佩戴項鏈，要附有金光閃閃的小十字架的或小玉佛的，或者會助你履險如夷。」

馮鳳接着問：「你說不愉快的事是指哪方面呢？」

小董又再欲言又止，只是勸馮鳳說：「你聽我的說話就是了。」

林山、馮鳳與小董分手時，小董幾次欲言又止，馮鳳都看在眼裏。林山駕車送馮鳳回家，在途中，馮鳳對林山說：「明天小董一定會有電話給你。」林山奇而問曰：「你怎會這樣猜的呢？」馮鳳說：「憑我的感覺而已。」

翌日，林山上班後不久，果然接到小董打來的電話。小董在電話裏邀林山一同午餐，並表示希望他不要與未婚妻同來。林山答應了，並相約在灣仔一間飯店見面。

兩人原都是守時的人，中午時大家準時在相約的飯店見面了。

坐下後小董先向林山表示抱歉，並說昨天因馮小姐在場，所以有些事不敢向他明言。

小董說：「從馮小姐的氣色來看，我怕她在年底之前會有一劫數。但她看來不大相信我的說話，你應該勸她，要她依我教她的辦法去做，並步步為營。」

小董說到這裏，林山急急的追問這到底是一個怎樣的劫數。

小董說：「你不必知得太清楚，劫數就是劫數，我不會騙你的。」

林山有點不甚高興的說：「怎麼你老是賣關子的？」

小董心平氣和的對林山說：「我不是賣關子，說實話我已透露得太多了。除此之外，明年立春之後，你還應小心父親的健康。」

林山急問：「不會有大問題吧？」

小董安慰他說：「大問題倒沒有，不過你要知道，我細心替你算過，你這段婚姻不會太順利，且可能是先同居後結婚的。」

林山跳起來說：「這怎麼可能呢？我們都已擇日結婚了。而且我父母和馮小姐的父母也不肯讓我們先同居後結婚的。我看你九成是糊塗了，才會這樣說的。」

林山的話頗不客氣，小董亦不與他爭辯，只輕描淡寫的說：「你不信也就算了。」

自此之後，林山連小董說馮鳳年底之前會有劫數亦不相信，終至日後噬臍莫及。

轉瞬到了年底，大約還有十天就過年的時候，林山帶同馮鳳去參加一個舊同學的聚餐餐舞會。兩人盛裝而往，馮鳳當夜打扮得十分漂亮。

聚餐的時候，同學們都像鬧新房似的促狹林山與馮鳳，大家都知道他們兩人快成夫婦，話題也多落在他們兩人身上。敬酒時也說敬他們新婚夫婦，鬧得十分開心。一位同學叫小錢的，硬要林山與馮鳳喝「合巹酒」，要他們互相手肘穿過對方來喝，在旁的同學都在鼓掌，正在興高采烈的時候，林山手上的酒杯突然跌落地上，「碰」的一聲跌到粉碎，林山的西褲也被酒濺濕了。在旁人來看，自然都認為是林山未有握穩酒杯，一個不小心或不經意的被碰一下以致酒杯脫手跌到地上去。

但林山本人則有一種奇怪的感覺，他覺得好像有一股外力拍一下他的手，以致手上的酒杯脫手而去。

馮鳳自然也不知道，連忙從手袋中取出紙巾，替林山拭去濺在身上的酒。還有些愛鬧的同學，硬說林山故意把酒倒掉，要罰他飲三杯。而那小錢也在助紂為虐，推波助瀾，結果當夜林山就給弄得喝了不少酒下肚去！

一直鬧至夜深，到散席的時候，林山已給灌得很醉，同學以安全為理由，都勸林山不要自己駕車。這時候小錢自告奮勇，說可以駕車送林山與馮鳳回去。小錢的女朋友自亦同行。

由於林山喝醉了，馮鳳便認為應先送林山回家，然後才送自己。小錢亦同意，便開車直向林山的家駛去。

到了林山的家門，小錢下車與馮鳳合力扶林山回家。眼看林山入屋後，才下樓離去。

小錢回到車上，問明馮鳳的地址後，就開車送馮鳳回家。抵埗後，小錢知道馮鳳住在三樓，便禮貌的問馮鳳：「用不用送你上去？」馮鳳笑說不必了，結果當夜就發生了令人髮指的事件！

慘遭劫色

馮鳳住的是一所半新不舊的四層式洋房，馮鳳住在三樓。

小錢開車離去後，馮鳳獨自拾級登樓。不料就在二樓梯間的轉角處，突然有兩名歹徒從黑暗中撲出來，一人箍頸，一人動手搶東西，在黑暗中馮鳳本能的反抗，其中一名歹徒惡向膽邊生，以刀柄大力的向馮鳳的腦袋擊去，馮鳳當堂昏倒在地。

兩名歹徒翻開馮鳳的手袋，只有少量現款，剝去她手上的腕錶，用電筒照照，見只是廉價手錶，一名歹徒立即粗暴的撕開馮鳳的衣領，看有沒有項鏈等金飾。只見馮鳳雪白的肌膚，甚麼也沒有。歹徒在失望之餘，色心又起，馮鳳就在昏迷中被無良的歹徒蹂躪了。

至此讀者應想起小董曾教馮鳳佩戴附有十字架或玉佛的項鏈，小董可能已算到馮鳳有此一劫。如果馮鳳果真信小董佩戴那些東西的話，歹徒撕開馮鳳的衣領，見到有十字架或玉佛等東西，可能手軟或一時心怯而放過她，那麼馮鳳就可能逃過一劫。

至於如何憑紫微斗數的星盤可以看得那麼真切？這裏不妨解釋一下：如果一個女子的星盤的夫妻宮有遭逢上述劫數的可能的話，那麼大限最忌遇到武曲與破軍同守夫妻宮。而剛巧又是武曲化忌的話，那就非要十分小心不可了。假若再遇廉貞化忌斜照，則縱有玄空學的高人為助，看來亦要家山有運方能避過此劫也。

言歸正題，話說歹徒得償獸慾逃去後，過了一段時間馮鳳才慢慢甦醒過來，摸一下自己的衣衫，才知道發生了甚麼事。馮鳳雖是十分堅強的女性，但遇到這等事，再堅強的個性也會徬徨無主，也會羞愧交集，眼淚一下子湧出來，流到面頰上。

她整理一下身上的衣服，蹣跚地拾級登樓回家，入屋後見父母都已睡了，便悄悄返回睡房，頹然的倒在牀上，不斷在想是否要報警或是否要告訴林山，心緒極亂的她自然徹夜難眠。

馮鳳在想，自己遇暴時是昏迷過去了的。如果報警的話，縱使捉到疑匪，自己也無法把他們認出來。接着她又想到控訴疑匪，自己在法庭上作供會甚為難堪。當然能把匪徒繩之於法，自己難堪點也值得，但假若未能使匪徒入罪，而自己的事又張揚到家傳戶曉，那就甚為不值了，徒然增加自己的憤慨。馮鳳就是這樣整晚翻來覆去的想。

報警還是不報警，已使馮鳳下不了決定。

接着她又想到如果不報警的話，是否應該告訴林山，如果告訴他，應該怎麼告訴他？她只想到如果不報警就必定要瞞住父母，免他們老人家傷心；但是否告訴林山，她同樣十分猶豫。

翌日早上起來，到了上班時候馮鳳就打電話回銀行，撒個謊說家裏有事，要請假一週。

馮鳳的父母見馮鳳沒有上班時，問她原因她只說覺得身體有點不適。再追問她是否生病時，她支吾以對，只說覺得不適，說休息一下就沒事的了。

對夜來發生的事，馮鳳心內十分悲憤。但她到底是一個很能獨立處事的人，思前想後終於決定了不報案之後，她就在報紙上找尋婦科醫師的廣告，準備好了化個名去看醫生，主要目的是千萬不可留有孽種。

發生了這種事後，馮鳳仍能冷靜和鎮定地去解決後遺的問題，可見她個性十分強。不然的話，脆弱的可致瘋了也說不定。

回頭再說林山，早上起來時，宿醉未醒，覺得頭痛，便也打電話到公司請了半天假。倒頭再睡，至中午起牀時，猛然想起夜來自己醉了，由小錢送自己和馮鳳回家，便急急打個電話到馮鳳任職的銀行，據答稱她請了假。林山當然不知夜來馮鳳為歹徒所乘，以為她好像自己那樣酒喝多了，請假休息。再打電話到馮鳳家裏，家人答稱馮鳳出外去了。

林山奇怪她為甚麼請假而又不在家休息，他是無論如何料不到馮鳳是去了看醫生的。

林山一直打了多個電話，都未能找到馮鳳。直到接近黃昏時候，林山再打電話到馮鳳家裏，才找到了馮鳳，而且馮鳳還是剛回到家裏不久的。

在電話中，馮鳳一反過往常態，對林山似乎十分冷落，語氣似是愛理不理的。林山也覺察到，但他還以為馮鳳在怪自己昨夜酒喝多了沒有送她回家。

林山當下便約馮鳳晚上外出，去看電影或喝茶談天都可以。但馮鳳卻推脫身體有點不舒服，不願外出，要林山明天打電給她再說。

接着林山一連幾天打電話想約馮鳳出來談談，但馮鳳每次不是藉口這樣便是那樣的推掉家裏。馮鳳的傭人見是林山，不必通傳就迎他入客廳裏坐，並奉上香茗。

不一刻，馮鳳出來，容顏顯見有點憔悴，滿懷心事似的坐在沙發裏，也不與林山說話，態度十分冷淡。

林山一直誤會馮鳳怪他那夜喝醉了酒沒有送她回家。

他見馮鳳坐在沙發上默不作聲，便首先開腔對馮鳳說：「是我對你不起，那天晚上我不該喝醉酒，以致未能送你回家不過事情也過去了那麼多天了，我也一再的向你道歉，難道你還在怪我？」

馮鳳仍不作聲，林山接着又說：「我們都快要結婚了，何必為這小事而嘔氣……」林山還未說完，不料馮鳳卻開腔了，她幽幽的說：「誰說我們快結婚呢？」

林山發現馮鳳說這話時，眼圈也紅了，顯見她心中情緒激動，外表則盡力克制自己。

到這時，林山覺得事有蹊蹺了，便移身坐到馮鳳身旁，輕聲的對馮鳳說：「你有甚麼事這樣難過，應該坦白告訴我。我們雖未結婚，但已不是普通關係的朋友……」林山說到這裏，只見馮鳳眼淚奪眶而出。

晴天霹靂

馮鳳淚盈於睫的對林山說：「我爸媽就快回來了，家裏不是談話的地方，今晚九時你駕車來樓下等我，我們出去再談。」

馮鳳心裏知道，如果不給林山晚上一個約會的時間，他一定會糾纏不清下去。而且家裏確實不是談這些問題的地方，萬一爸媽回來聽見或傭人聽見都不好。

林山離去後，馮鳳返回睡房，躺在牀上雙手托着後腦，只覺得後腦仍有點痛，眼睛凝望着天花板，思量晚上如何與林山說清楚。馮鳳自經此變後，可能無法入睡和心緒不寧，以致白天顯得十分疲倦。只幾天時間，健康似已迅速逆轉。本是嬌小玲瓏的她，一下子消瘦了，變得弱不禁風。到了晚上，林山依時駕車到馮鳳樓下。馮鳳知道林山是個十分守時的人，當夜她薄施脂粉，穿了件碎花的裙子在九時剛過後便下樓去會林山。

果然見林山已停車在樓下等她。

上車後，林山問馮鳳道：「我們到甚麼地方去好呢？」

馮鳳低頭說道：「找個人少的地方談談便是。」

林山也不答話，便開車直往赤柱駛去，目的地自然是他們曾停車看星星的地方。

在行車時間中，林山看出馮鳳滿懷心事，默不作聲，便也不逗她說話。

到了赤柱的一個近海灘的空地上。當夜由於天氣不佳，白天時已陰霾密佈，星星、月亮都好像躲起來不敢見這對情侶。

林山白天見馮鳳時，見她情緒異常波動，回去經過反覆思量後，他明白到馮鳳一定不是只埋怨他醉酒沒有送她回家那麼簡單的。也懷疑是否她父母出爾反爾，不贊成他們結婚？只是沒有想到馮鳳已遭慘痛的一劫。

車子停定後，林山已迫不及待的問馮鳳道：「是你父母反對我們結婚嗎？」

馮鳳眼圈一紅的說：「不是，是我不想跟你結婚！」林山似一下子遇到晴天霹靂。

林山情緒激動的握着馮鳳的手說：「我們甚麼都準備好了，房子也買了，只待明春擇個好日子便可成婚，為甚麼你到這個時候又忽然反悔？」

馮鳳默不作聲，沒有回答林山的問題。

林山再搖搖馮鳳的身子，有點氣惱的說道：「你為甚麼忽然反悔？總得告訴我原因啊。」

馮鳳的眼淚又再奪眶而出。

林山從褲袋裏摸出一條手絹給馮鳳，然後說：「你一定有苦衷的，你沒有理由隱瞞我的。快點告訴我，說不定我可以找到解決的辦法呢。」馮鳳仍然默不作聲，用林山給她的手絹輕輕抹去眼淚，然後仰身靠在椅背上，輕輕的歎了口氣。

林山猜到馮鳳是有話說不出口，便安慰馮鳳說：「我們有的是時間，待你情緒平伏後再把原因告訴我吧。」這時天上漆黑一片，既無月亮，亦無星星，偶然且灑下一些雨絲。

林山果然沒有再追問馮鳳，同樣仰身靠在椅背上。大約過了半個鐘頭光景，林山再也忍耐不住了，便輕聲的對馮鳳說：「你現在可以把不想和我結婚的原因告訴我吧。」

馮鳳聽林山這麼說，眼圈又再一紅。終於，她怯懦懦而又十分難過的說：「我身子給……玷污了。」說完馬上哭起來。

這說話對林山來說，仿如晴天霹靂。他做夢也想不到馮鳳遇到了歹徒劫色，一下子呆了過來。

馮鳳哭了一會後，終也表現出她堅定的個性，便把當夜林山喝醉了酒，由小錢送她回家，在梯間遇暴的事一五一十的告訴了林山。

林山聽馮鳳一口氣說完後，怒不可遏，咒那些歹徒必遭天譴。過了一會之後，林山對馮鳳起誓似的說：「這不是你的錯，我們不應為此劫數妨礙我們的婚姻。記住，我們是百折不撓的。」

馮鳳感動得點點頭，但隨即作了一個頗特別的提議。

提議同居

馮鳳紅着眼圈對林山說：「事情發生後，我曾反覆前後的思量過，真的是結婚難不結婚也難！結婚的話，我怕你會嫌我曾被人玷污過；不結婚的話，你是否會失望我不知道，因你已知道了我的遭遇。但我父母不知道我發生過甚麼事。一旦對他們說我不要結婚的話，他們不單只失望，而且還會懷疑我們間出了甚麼問題。因為他兩老人家早已望我能早日出閣，了卻他們的心事。」

馮鳳雖受到極大的打擊，但仍能十分理智去分析事情，可見她是確有主見的。

林山實在是愛馮鳳的，聽她一口氣說完上面的一番話後，便以堅定的語氣對馮鳳說：「不管情況如何，我們都是要結婚的。我說過那件事不是你的錯，你何必再耿耿於懷？對於追悔無益的事，忘記它算了。」

馮鳳低頭輕聲的說：「這事傷害我太深，我這生都難以忘記。」隨着深深嘆了口氣。

兩人靜默了一會，雨開始愈下愈大，從車窗外望，正是黑漆一片，也象徵着林山與馮鳳兩人的心境。隔了好一會，還是林山先對馮鳳說：「不要再想那麼多了。過兩天就過年了，過了年後，我們從速擇個好日子結婚，過去的事當作是惡夢一場，只要今後我們能快樂地在一起就算了。」

馮鳳斜斜的望了林山一下，然後說：「我們結婚都可以，但我不和你去註冊的。」林山大奇，怎麼馮鳳會有這麼奇怪的提議？

馮鳳接着說：「別人結婚，註冊是尋求保障。我結婚不想去註冊，是為了避免分手時太麻煩。」

林山立即說：「我們怎會分手的？」

馮鳳嘆口氣說：「男人的心理，我多少也了解的。日前的事發生後我本來打算不結婚的，不過每想到父母方面，我不想他們失望，也只好改變初衷。但我無把握你將來必不嫌棄我。所以，我認為我們還是表面結婚，但實際卻不去註冊，到過一段時間後再算。」

林山跳起來說：「那我們豈不變了同居？」

馮鳳接着很不高興的說：「誰說跟你同居。」

林山馬上回應道：「我們不去註冊結婚，那還不是同居？」

馮鳳輕推林山一把，嗔道：「我以後不許你說『同居』這兩字。」

林山不敢與她爭辯，只有唯唯諾諾。

馮鳳隨即把自己心中的計劃說出來，她輕撥一下頭髮便說：「我已再三的想過了，我們如果在香港結婚，大家父母都在堂，不去註冊的話，就算我們願意，父母也會反對，所以我計劃去旅行結婚，對父母說將在外地辦結婚手續，然後回港宴請親朋。」

林山以懷疑的口吻問：「這行得通嗎？」

馮鳳十分肯定的說：「我們說在外地已註冊，父母一定信我們的。難道他們真正的跑去我們說的地方去查？我們只要回港後，設一次婚宴，宴請大家的親朋，那麼父母一定不會懷疑我們的。這是我認為兩全其美的辦法。」

林山嘆口氣說：「這又何必呢！」

馮鳳一下子移轉身子面對着林山，十分認真和帶點倔強的態度對林山說：「這是唯一辦法，如果你不贊成的話，那麼我們各走各路好了。」林山見馮鳳真的是一意孤行，擺出一副全無商榷的姿態，知道再與她爭辯，既難扭轉她的意見，也容易再使她想起舊事而傷心。

終於林山對馮鳳說：「好吧，就聽你的吧。」

這麼多天來，馮鳳都是鬱鬱寡歡的，至此面上才綻出輕微的一點笑容。隨着她又對林山說：「還有兩天就過年了，我們旅行結婚的時間可選在農曆二月，你叫那個叫甚麼翁的的人，你父親最信的命理家，在農曆二月底的時間擇個婚宴日期就是了。」

林山點頭答應了，馮鳳又說：「新居粉飾一下，大概也來得及吧。」

林山又點點頭說：「來得及的。」接着看看腕錶，見時間不早，就開動車子，準備送馮鳳回家去。在回程途中，林山想起小董，覺得這位「董神仙」的推算，確是不可思議！

轉眼過了年，使林山感到奇怪的是，他好幾次打電話找信天翁，據回覆都說信天翁仍未回港。但有一次林山打電話去，接聽電話的人口音十分相似信天翁，卻一樣說信天翁出了門仍未回來。

到這個時候，林山開始懷疑信天翁有意迴避他，也明白不能再等待信天翁為他擇日。

忽然間林山想到，表哥阿強既懂風水學，當亦懂擇日吧。心想改找別人擇日，爸爸可能反對，但改找表哥阿強擇日，因為爸爸信任阿強，應該不會有問題。

那個時候已接近上元佳節，林山當然心急。一天晚上，林山就在書房與爸爸商量，表示無法找到信天翁，而自己又想在二月底時結婚，不知能否改由同樣懂得術數的表哥阿強代為擇日？果然給林山猜中了，林伯同意改由表哥阿強擇日，林山自然歡喜不迭。

前文説過林山的表哥阿強，其實在風水學上所知甚少，對於其他術數更不學無術。只是林山合該倒運，他父親林伯卻相信這個可以指鹿為馬的人。

翌日一早林山便去找到表哥阿強，説明來意之後，阿強滿口答應，而且立即翻查曆書，為林山擇了一個接近二月底的日子，説是利於結婚宴客的黃道吉日。

林山覺得阿強做事確有效率，心想與那個信天翁相差實在太遠了。

林山謝過阿強正想離去時，阿強問林山新居開始裝修了沒有？

林山答説並無打算大事裝修，只求粉飾一下便算了。

接着阿強問林山道：「你可知道你的睡牀應放在睡房中哪個地方嗎？還有廚房的爐灶應在甚麼方位嗎？」

林山對風水學本來就是一無所知的，他聽阿強這麼説，有點愕然的問：「這些都與風水有關的嗎？」

結果阿強再教了一些把林山害得甚慘的方法。

扶乩問事

話說林山與馮鳳再帶表哥阿強到新居去，由阿強教他們如何安牀和作灶。

前文已提過，林山買的新居，是六運坐未向丑，走兑宮門，巒頭亦不吉。但阿強說此屋適合林山居住，結果林山便信他把那房子買下來。

阿強在風水學上其實所知甚少，他教林山的爐灶安在兑宮位置。至於睡房，走坎宮門本來是不錯的，但他教林山安牀在離宮位置，而最要命的是教他牀頭在離宮而牀尾則對正房門的坎宮，形成一對角線的形狀。

懂玄空學的讀者，試依上述提示自己繪圖來看看，當知阿強教林山這樣做，無形中是做了一件極為損德之事，也把馮鳳害盡了。

林山與馮鳳因為是完全不懂風水學的，自然阿強教他們怎樣做便依言照做。

林山與馮鳳把新居之事弄妥後，便大家同時告訴父母要出門旅行結婚，然後在二月底的婚宴吉日前回港。

他們依照原定計劃行事，看來十分順利。

一天晚上，馮鳳忽然想起小董這人，便問林山道：「董神仙說我們結婚前可以找他，他會教我們一些趨吉避凶的方法，你為甚麼沒有找他？」

不料林山答道：「我討厭這人老是賣關子，不錯他是有功力，但我看表哥阿強還不是一樣，不會輸予他的。」

其實阿強在術數上所知，本來就無法與小董相提並論的，但林山父子都信阿強，這才叫人氣結。

轉眼到了二月初，林山與馮鳳請了大假，把喜帖寄出後就準備到美加去旅行結婚兼度蜜月。在出發前的一天剛好是假期，林山與馮鳳及幾位朋友，到近郊一間道觀去遊覽，見有人在扶乩問事。林山與馮鳳也湊興，問的自然是姻緣，結果得到的乩文是「艷於春而盛於夏，無心之怨，一筆解決」，林山與馮鳳都不知何解。

林山與馮鳳走出道觀門外不遠的地方，見有一測字攤檔，檔主是一位年約六十歲的老翁，穿着啡色棉襖，招牌上寫着「許半仙」三個字。

馮鳳輕拉林山一下，指一指那測字攤檔。林山明白她的意思，是想把乩文給那位「許半仙」解釋一下。

那天天氣寒冷，遊人稀少，那位許半仙因無生意，無精打采半睡半醒的坐在那裏。

林山與馮鳳走到攤檔前，拉出兩張椅子分別坐下。許半仙這時才好像醒過來的樣子，見有生意，笑瞇瞇的對林山說：「先生想測字乎？」

林山從懷裏摸出剛才求得的乩文交給許半仙說：「你可否給我解釋一下這乩文的意思？」

許半仙注視一下林山與馮鳳，隨即說：「可以的，但你得告訴我，你們扶乩目的是問甚麼？」

林山有點難為情似的說：「是問姻緣的。」

許半仙拿着乩文看了好一會，反覆的唸了幾遍，然後對林山說：「這乩文對問姻緣是好的，春天會成事實，到夏天更好，那是說愈來愈好，結婚後也愈來愈恩愛。大家有些甚麼無心之失或無心之怨恨，都可一筆勾銷了。」

林山與馮鳳聽得滿心歡喜，覺得許半仙的解釋很有理由。至於說怨恨勾銷，那是指甚麼怨恨，他們心中似乎都明白似的。

他們既接受了許半仙的解釋，便認為乩文很靈，欣然的付款喜滋滋的離去。

林山與馮鳳的國學根基十分淺，所以不明白該乩文實在另含深意，並非如許半仙所解釋的那樣，而許半仙的解釋是完全錯誤的。

翌日，林山與馮鳳便啓程到美加去旅行結婚兼度蜜月。在這兩個星期中，他們可說過着十分溫馨的生活。他們依照計劃在設婚宴之前幾天回港，遷入新居居住，開始過夫妻生活。

轉眼又過了幾個月，兩小口子的生活倒也愉快，以前的不快事件，他們也漸忘了。

只是到了秋天，又出現了怪事。

補辦註冊

林山與馮鳳結婚，並無註冊，只是宴請親朋，這事是只有他們兩人知道的。他們的親朋既不知道他們並無註冊，父母方面也給他們瞞過。婚後過了幾個月的愉快生活後，林山與馮鳳都開始對這段婚姻有信心。特別是林山常記着那道乩文：「艷於春而盛於夏，無心之怨，一筆解決」，他認為許半仙的解釋十分靈驗。

而林山一直不知道這乩文另有含意。其實縱使許半仙確知是甚麼意思，相信亦不可能在事前對着林山與馮鳳解釋給他們知道的。到了中秋節那天晚上，林山的舊同學發起一個遊船河的賞月晚會，林山攜同馮鳳參加，當晚大家都玩得十分開心。在興盡而歸的時候，林山覺得這年的中秋，自己可說是「人月雙圓」了。只是心中有點奇怪的感受，好像還欠了些甚麼似的。

當晚回到家裏，已是深夜，林山在牀上擁着馮鳳的時候，輕聲的在她耳邊說：「到這個時候你應該對我有信心了吧。」

馮鳳唔的一聲。

林山輕輕的親了馮鳳一下，然後說：「看來我們應該補辦未完的手續，找個律師來問問，且看有甚麼方法可以神不知鬼不覺的靜悄悄補辦註冊。」

倒是馮鳳比林山更精明，她對林山說：「這事倒不必憂慮太多，就算給父母知道也不怕。我們可以事先對他們說，我們是在外地註冊的，現在覺得若在香港註冊，會有更多的方便，那不就行了。而且我們也過了幾個月的婚姻生活了，他們心中就算是有所懷疑，但還能說甚麼。」

林山覺得馮鳳說得十分有理，就在「人月雙圓」的那天晚上決定過幾天補辦註冊手續。結果，他們十分順利的去註了冊，是正式的夫妻關係了。過去不愉快的事，亦一掃而空。

可是說也奇怪，就在他們註冊後不久，怪事來了，馮鳳不知怎的一天比一天瘦，小毛病也愈來愈多，更多噩夢。

開始時，馮鳳每次感到不適，都是服些成藥，多點休息也就痊癒。漸漸的小毛病愈來愈多，服食成藥也無甚效果，馮鳳便不得不看醫生了。

雖然每次醫生給她一些藥物服食，都能痊癒。只是不知怎的，馮鳳愈來愈瘦，本來已是嬌小玲瓏的她，至此時已變得弱不禁風了。

林山見馮鳳如此，也感到心疼，認為馮鳳可能由於工作過累所致，所以力勸馮鳳辭去銀行的工作，以便在家多點休息。

馮鳳本來是頗不願辭去銀行的工作，她知道自己若賦閒在家會是甚悶的。但健康情況是一天不如一天，馮鳳終於沒法，唯有辭去銀行的工作在家休養，希望調理好身子再說。

到了接近冬天時候，馮鳳健康不但沒有好轉，而且愈來愈差。林山亦漸感擔心，上班的時候亦常打電話回家。

終於在立冬前的一天晚上，馮鳳飯後又感到十分不適，她躺在牀上感到天旋地轉，不旋踵且昏了過去。嚇得林山急急的替她搽藥油，並立即打電話請一位相熟的陳醫生來家給馮鳳診治。

陳醫生詳細檢查了一番後，便建議林山把馮鳳送入醫院去，再作詳細的檢查。

這時候馮鳳已甦醒過來，林山便把陳醫生的意見告訴她。馮鳳也覺得自己身子如此虛弱，能作一次詳細的檢查也是好的。

林山當夜便把馮鳳送到醫院去，辦妥入院手續後，陳醫生便勸林山早點回去休息，吩咐翌日下午方可來探望馮鳳。

翌日一早，林山便打電話告訴父母和馮鳳的父母，說馮鳳入了醫院檢查身體。

在電話中林山方知道自己父親的健康亦如小董所說，是有很大的逆轉。

到了下午，林山請了半天假趕去醫院探望馮鳳，抵埗時見馮鳳的父母亦已在場。

不久，陳醫生出現了，他見到林山便示意他隨他到辦公室去，告訴了他一個極壞的消息。

患上絕症

陳醫生對林山說：「據初步檢驗的結果，情況十分不妙，你太太有可能是患了肝癌。」

林山聽陳醫生說馮鳳患的是肝癌，這一驚非同小可，一下子滿天星斗，幾乎昏了過去。

陳醫生又對林山說：「待明天其他報告出來，就可證實你太太是否真的患上肝癌和是否有機會治癒。你明日下午這個時候再到這裏來見我，到時我就會把實際情況告訴你。同時不要把真實情形告訴你太太，免她驚恐而使病情急速惡化。」

林山點頭，眼睛閃起一泛淚光，但仍能保持鎮定。

林山回頭走到馮鳳的病牀前，只見馮鳳臉色蒼白，雖知道她可能患上絕症，但也知道必須極力壓抑自己的情緒，在馮鳳面前裝作若無其事。

馮鳳以柔弱的聲音問林山：「剛才醫生對你說甚麼？」

林山又再竭力壓抑自己的情緒，鎮靜的對馮鳳說：「醫生說沒有甚麼，只說你靜心休養幾天就沒事的了。」

馮鳳點點頭，然後對林山說：「時間也不早了，你送爸爸媽媽回去吧。」

馮鳳的父母也不知女兒的病情嚴重，在車上見林山神情凝重，似是滿懷心事的，便問林山道：「阿鳳的病情無礙吧，她到底患的是甚麼病呢？」林山只是支吾以對，連說是小毛病而已。

翌日下午，林山再到醫院探望馮鳳，並到辦公室裏去見陳醫生，一心只希望其他的醫事報告能證實馮鳳並非肝癌。陳醫生見林山到來，示意他坐下，然後對林山說了一番安慰的說話，林山心中已知不妙。果然陳醫生對林山說，醫事報告出來了，證實了馮鳳患的是肝癌，而且情況嚴重，看來最多只有六個月的壽命。

林山這下子恍如遇到晴天霹靂，整個人呆了。隔了許久，林山才帶點懷疑的口吻問陳醫生道：「怎麼事前全無迹象的。」

陳醫生反問林山道：「你是說病徵嗎？」

林山答道：「對的。」

陳醫生輕舒一口氣說：「肝癌最致命的就是它開始時沒有甚麼特別容易發現的病徵，到檢查出有肝癌之時多已是不治之症。」

林山心底十分難過，想到與馮鳳衝過不少困難和障礙才結成夫婦。也只不過幾個月時光，馮鳳又染上絕症。

林山完全不知道，他與馮鳳所遇到的一切，以致馮鳳身染絕症，在玄空學上都是有迹可尋的。只是命運弄人，林山不但未有獲得有功力之人相助，反而相信了不學無術的表哥阿強，加速自己成為鰥夫，亦應了他新居風水之「二五交加而損主」，和「主出鰥夫」之說。

林山對玄空學固然一無所知，對過去一切的預兆亦無所覺。林山到底仍希望有奇蹟出現，他問陳醫生道：「現在醫學如此昌明，難道對肝癌真的就是如此束手無策？」

陳醫生答道：「醫學雖說昌明，但現在仍有許多不治之症。而肝癌也不過是其中一種而已。」林山默言無語。

還是陳醫生以朋友的姿態安慰林山說：「生死有命、富貴由天，雖然聽來是宿命之論，但很多時事情之發生，是人的智慧所無法解釋的。」

陳醫生說到這裏頓了一頓，見林山的眼睛帶有淚光，便不再說下去。

過了片刻，陳醫生站起來，走到林山的跟前輕輕的拍幾下林山的膊頭，然後對林山說：「事已至此，我們只有盡我們所知來治療你的太太，也希望有奇蹟出現。」

林山回頭問陳醫生道：「可能有奇蹟的嗎？」

陳醫生見林山仍期望馮鳳有一線的生機，便對林山說：「過幾天你來接你太太出院，以後你應盡量讓她開心，她想得到甚麼或喜歡甚麼，你都應該盡量讓她得到。她心境好的話可能對病情有助的。」

接着陳醫生就對林山提出一個建議。

陳醫生對林山說：「病人的心境好，自然求生的意志也較強，這多少都會對病情有助的。反過來說如果病人是自暴自棄的話，我們做醫生的，在醫治上也會困難許多。」林山雖然不是醫生，但聽來也覺得甚有道理。

隨着陳醫生又說：「我建議你不如請一個月大假，陪太太出外旅行，大家盡量放開懷抱，雖然對你太太的病情來說，出現奇蹟的機會甚微，但無論如何，讓你太太有生之年，好好地享受一下，爭取大家相聚的時光，總是好事。」

林山眼裏又泛起一點淚光，連連點頭表示同意陳醫生的意見。

陳醫生與林山都是不懂玄空學（風水）的人。但陳醫生的意見，許多懂術數或玄空學的人都會用的。那是因為居室風水如果不佳的話，在遇到有病時暫時移居別處很多時是十分有效的。當然不是馮鳳那麼嚴重的肝癌也可有效，但對一些普通的疾病，有時甚至可以不藥而癒的。

同時懂紫微斗數的人也會這樣做，原因就是紫微斗數是有「遷移宮」的，許多人在「本宮」不吉遇到障礙重重和疾病時，如果「遷移宮」比「本宮」為吉的話，那麼暫時移居別處同樣可以化解許多問題而成為趨吉避凶。

陳醫生當然不是以玄空風水和紫微斗數來看問題，只不過他的意見卻和上述二者的見解偶然吻合而已。

過了幾天，馮鳳出院回家休養。一天晚上，馮鳳服過藥後斜躺在牀上休息，氣色看來甚好，林山乘機對她說：「上次我們結婚旅行，過於匆促，所以我想在聖誕期間，請一個月大假與你旅行，好好享受一下聖誕假期。你認為怎樣和想去甚麼地方呢？」

馮鳳這月來事實上心情亦很悶，聽林山說要和她去旅行，亦覺得出去玩玩也是好的。隨即帶點喜悅的心情對林山說，如果健康情況允許，她想到極北的地方去旅行。

林山有點愕然，奇怪她何以有此選擇。

馮鳳對林山說：「上次我們去旅行，最可惜未看過下雪。所以，今次我希望去滑雪的地方目的不在溜冰，只想看看極目雪飄的大地。我非常嚮往萬里雪飄的景致，能夠置身其中，享受大自然純潔美的一面，也算不枉此生了。」

林山見馮鳳如此陶醉於北國風光，自然無法不答應，隨着他問馮鳳：「你心底可有想到要去北半球哪個地方？」

馮鳳似乎是早有目標，所以很快的答林山道：「我很想去一次日本，然後找幾天的時間到札幌去看雪景。」

林山此次準備出外旅行，主要目的是想馮鳳開心。所以馮鳳無論想去甚麼地方，他自然都不會反對。

林山坐在牀沿再移身靠近馮鳳，輕聲的在馮鳳耳邊說：「無論到天涯海角，都願相陪。」

馮鳳本來是斜躺在牀上的，這時輕輕坐起來，雙手摟着林山的脖子，耳鬢廝磨，有說不出的溫馨感受。

不一刻，馮鳳對林山說：「我們如果真的去日本旅行，最好能找幾個要好的朋友同去，大家有個照應。如果找不到朋友同去的話，我們不妨考慮參加旅行團，總比只我們兩個人去好。因為到底日本這地方我們沒去過，人生路不熟……」

馮鳳還未說完忽然氣促的咳嗽起來，林山輕撫她的背部，示意她不要再說下去。

林山就這樣的決定在聖誕假期期間與馮鳳到日本去旅行。亦準備翌日上班即提早向公司請假。

而奇怪的是當夜馮鳳噩夢連連，天將亮時夢中驚醒，坐直身子，把林山也弄醒了。林山見她滿頭是汗，忙問她怎麼了。馮鳳說：「我夢見一些很駭人的東西……」

至此林山有種預感，覺得愈早和馮鳳去旅行愈好。

隨着而來的幾天，林山正忙於籌備去日本旅行之事，不料又有意外事件。

父親辭世

林山找過幾位要好的朋友，問他們有沒有興趣在聖誕節期間一同去日本旅行。結果不是表示沒有時間就是沒有興趣。

終於林山覺得還是參加旅行團最為方便。他開始到各旅行社去查詢，看哪間旅行社的價錢較便宜和行程較適宜自己。

這時距離聖誕節約有一個月的時間，林山與馮鳳決定了一個在聖誕前夕啓程赴日本的旅旅行團。

在繳過報名費後，林山馮鳳也就只一心等待這個愉快假期的來臨。

不料過了兩個星期，一天晚上深夜時分，林山與馮鳳都在睡夢中，忽然家裏的電話鈴響，把林山從夢中吵醒。

林山起牀披上睡衣去接聽電話，原來是母親打來的。林山的母親在電話裏氣急敗壞的說：「你爸爸睡至半夜醒來，忽然叫嚷胸口十分不舒服，看他呼吸困難，你快來看看他。」

林山在電話裏提醒母親快點打電話請個醫生來看看他再說。

林山的母親立即答說較早時候已打了電話給陳醫生，現在正等待他來。

林山的母親在收線前又再三催促林山快點來看看他的父親。

這時馮鳳也給林山的聲浪吵醒，起來擦擦眼睛問甚麼事。

林山一方面急急的更衣，一方面對馮鳳說：「爸爸似染了急症，母親打電話來要我馬上去看看他。」

馮鳳問：「要我與你一起去嗎？」

林山說：「不必了，你身體還未完全康復，你在家休息吧。我趕去看看爸爸，如果沒甚麼事，我很快會回來的。」

馮鳳送林山到大門口，林山出去後她關上門就返回睡房休息。林山到樓下取得汽車就高速的向父母家駛去。入門後，見父親躺在沙發上一動也不動，而陳醫生正在收拾藥箱。

林山見母親坐在一旁啜泣，知道事情不妙。急忙拉陳醫生到一旁，神情緊張的問到底父親發生了甚麼事？

就在這個時候，林山的兩位姊姊也趕來了，三人圍攏着陳醫生，聽他說父親到底發生甚麼事。

陳醫生說：「你們的父親去世了。」

林山與兩位姊姊同聲問：「怎麼事情會來得那麼突然的？」

陳醫生說：「我到來的時候，檢查你父親的瞳孔，已無收縮能力，心臟亦已停止跳動。據種種迹象來看，你父親患的應該是冠狀動脈栓塞症，所以才一下子致命的。」

林山忽然覺得奇怪，怎麼父親不是在睡牀上逝世而是在沙發上去世的？

他走到母親身旁，見母親仍在啜泣，他彎身的問母親：「怎麼爸爸在沙發上去世的？」

林山的母親已泣不成聲，從懷裏摸出手帕揩去臉上的淚珠，然後說：「你爸爸睡至半夜，突然說感到不適，又說感到睡房的空氣不足，要我扶他出客廳來坐，不料他就在沙發上去世了。」

林山頹然的坐在沙發上，事情實在來得太突然了。心底的悲傷越過了所能抵受的境界，整個人陷入迷惘之中。

此刻，陳醫生收拾好藥箱後，對林山說：「你也應該節哀順變，好好地為父親料理後事。」

陳醫生見林山似未聽到他說話，也知道他在極度悲傷之中，便走到林山身旁，以朋友姿態坐下安慰林山說：「常言道，『好生不如好死』，你父親雖然去得突然，但古人認為是積了福，才會在睡夢中安樂去世的。而且你父親年紀亦已逾花甲，已算有壽。我看你不要太難過了。」

林山這時才點點頭，似在迷惘中再走回現實的世界。陳醫生離去後，林山又再陷入悲傷沉思之中，想到月來的打擊，千愁萬緒，人漸接近崩潰的邊緣。

這時天已漸亮，林山勉力的振作起來，要自己維持清醒，同時要兩個姊姊陪着母親，自己則先行回家看看馮鳳，然後替父親辦理後事。

林山回到家裏，見馮鳳坐在客廳的沙發上打瞌睡等他回來。林山輕步的走到馮鳳面前，不料馮鳳突然醒來，一見到林山便急急的問：「爸爸怎麼了？」

林山扶馮鳳起來，示意要扶她回房去。然後對她說：「你身子還未完全康復，應該多休息才是，不應該走到客廳來坐到天亮的。」馮鳳回到睡房斜靠在牀上後，又再追問林山他父親情形怎樣了。

林山這時才嘆口氣說：「爸爸去世了。」

馮鳳聞語吃了一驚，心中也奇怪為甚麼事情會來得那麼突然的。正想追問原因時，林山不待她開口便把醫生的診斷和父親去世的經過原原本本的告訴她。

隨着而來的幾天，林山忙於為父親辦理後事。在食少煩多、睡眠不足的情況下，一下子消瘦了許多。

這時距離聖誕還只有幾天。一天上午，林山在家裏接到旅行社打來的電話，提醒他和馮鳳參加啓程赴日本旅行前的茶會。林山已知道自己在這個時候實在不應遠行，但他還是問馮鳳的意見。

馮鳳到底是個很有主見的人，當下她便對林山說：「你父親剛去世未久，還有孝服在身，我們萬不可在這個時候去日本度假，否則是會給親友說閒話的。如果一定要去，也等過了年再說。」

林山唯唯諾諾，只是心中感到遺憾的是，明年初縱使成行，屆時春回大地，已無雪景可看了。

就在當天晚上，林山徹夜難眠，輾轉反側，想到月來家庭變故之多端——馮鳳患肝癌、父親突然去世。突然間他想起小董這人，似有未卜先知的力量。想着，想着，覺得自己雖然不滿他老是賣關子，但還是應該找他談談的。

愛妻去世

林山記得小董對他說過，他的星盤、面相和手相，都有「妨妻」之象。現今果然結婚不久，馮鳳就患了絕症。

在記憶中，林山又想起小董對他說過，會教他一些趨吉避凶的辦法，只是後來自己討厭他一再賣關子，才沒有再找他，想到這裏時林山又有點後悔。

而使到林山最佩服的，是當日林山已請名家擇日結婚，而小董卻說他年底前不可能結婚。後來又說他會先同居後結婚，再又說馮鳳年底有一劫，都給他說中。

林山一直在回想過去的一切，覺得許多事情都似冥冥中有個定數。

最後林山又想到小董曾勸他小心父親的健康。當日曾追問他是否嚴重，但小董卻說不會有大問題。結果父親卻突然心臟病去世了，這是小董唯一推算不準的。他決定見小董時，向他查問一下看是否推算錯誤！

這是有原因的，只是林山不知道而已。

這時已接近天亮時分，林山靠在牀上，見馮鳳睡得很熟，便也輕輕的躺下，這時林山已極疲倦，不一刻也進入夢鄉了。

翌日林山一直睡至中午才起來，由於請了假不用上班，午飯後他在家裏打電話給小董。過去他多次找小董，都非常順利的找到。但這次打電話到小董的公司，對方卻在電話裏說沒有這個人。林山再追問下去，才知道小董的公司已經搬遷了。

林山再打電話到小董的家裏，同樣的也是電話號碼雖然對，可是也沒有這人。

林山正為此事納悶，忽然他想到一位舊同學小張，與小董是十分相熟的，他大概會知道在哪裏可以找到小董。

林山撥個電話找到小張後，方知小董已於月前移居美國去了。在無奈中只有問了小董在美國的地址和電話，以便日後聯絡。

轉眼到了聖誕夜，電台正播放着「普世歡騰，救主下降……」時，馮鳳又突告昏迷。

林山見馮鳳突然昏迷過去，摸一下她的額，知道她在發高燒，一時間嚇得手足無措，急急打電話找陳醫生。幸而陳醫生當夜留在家裏與家人同度聖誕，未有外出，林山一下子便找到他。

林山在電話裏把馮鳳昏迷之事告訴了陳醫生後，陳醫生答應馬上過來看她。

不久，陳醫生果然過來了，經過一番診斷後，馮鳳雖然醒過來，但陳醫生認為應立即把馮鳳送去醫院。

結果，林山與馮鳳就在醫院裏過聖誕。至夜深，醫生認為馮鳳病情暫時穩定過來，示意林山可以回家去休息，林山方獨自回家。

在隨着而來的幾天，林山天天到醫院去探望馮鳳，但馮鳳的病情卻是時好時壞，使林山為之擔心不已。

就在陽曆除夕的晚上，林山剛在黃昏時探望過馮鳳，才幾個小時，林山在家裏就接到醫院打來的電話，說馮鳳的病情突然惡化，要他從速到醫院去。

林山趕到醫院，見馮鳳面色特別蒼白，蜷臥牀上，似是經過痛苦的掙扎。醫生拉林山到一旁輕聲說，馮鳳已在彌留狀態。

林山雖然早知必有這一天，但想不到來得這麼快和這麼突然，心底的悲傷和難過混在一起，淚水不期然的湧出來。

不久，見馮鳳抽搐一下身子，隨着四肢放鬆。醫生上前檢查一下，然後對林山說：「很不幸，你太太去世了。」

林山眼看着醫院工作人員把馮鳳的屍體搬走，自己才下樓離去。他駕着車子漫無目的在醫院附近兜了兩個圈子，忽然他直向赤柱方面駛去，他是想去與馮鳳看星星的地方。

到達了赤柱近海灘的空地上，林山把車子停下來，靠在駕駛座位上嘆氣。

天上的繁星雖仍如過去般閃爍，但身旁卻少了自己心愛的馮鳳。林山正在百感交集之中，這時天上又有一顆流星劃空而過。

林山還記得馮鳳對他說過，在流星飛過的時候起願是挺靈的。

所以，這次林山見到有一顆流星劃空而過的時候，馬上閉上眼睛，祝禱馮鳳在天之靈獲得安息。

過去的事一幕幕的湧現在林山的腦海中，想到曾與馮鳳守望了一夜，也無法等到流星的出現；又想到與馮鳳擁在一起，流星出現時想起個願又遇到咳嗽不停。

林山感到最遺憾的是，馮鳳希望在有生之年去看一次雪景，卻無法讓她如願。

林山靠在駕駛座位上不斷的嘆氣，深感造物之弄人。

直到天亮，林山才在十分疲倦下開車離去，他扭開汽車的收音機，是晨早節目剛開始不久，林山其實亦無心聆聽，只是讓車內有點聲音而已。

車子在山徑上行走，車內收音機正播放詩詞的節目，有人在朗誦李之儀的《憶秦娥》：

「清溪咽，霜風洗出山頭月。山頭月，迎得雲歸，還送雲別。不知今是何時節？凌歊望斷音塵絕。音塵絕，帆來帆去，天際雙闕。」

恍然大悟

轉眼過了幾年，林山在一個午餐聚會中很偶然的認識了一位姓牟的教授。這位牟教授學問固然淵博，而最難得的是對術數也有研究，不但精於「子平」，對紫微斗數亦具心得。

林山這幾年來始終不解的是，他與馮鳳扶乩所得之乩文：「艷於春而盛於夏，無心之怨，一筆解決」，明明是很好的乩文，為甚麼會出現夫妻陰陽阻隔之事。

在林山當日得到該乩文時，直覺上覺得是歌頌他與馮鳳的愛情。後來再經許半仙的解釋，他就更有信心。

林山知道牟教授對文學與術數都有研究，當下便把自己的疑惑說出來。

不料牟教授一看那乩文，稍一思索便對林山說：「你過去所得之解釋大謬也。」

牟教授說：「這是一道極不吉利的乩文。不過事情既已發生了，我就不怕直截的給你解釋。」

林山聞語暗中吃了一驚，他怎樣也料不到那是一道極不吉利的乩文。

牟教授頓一頓接着說：「你且聽着，你那乩文是：『艷於春而盛於夏，無心之怨，一筆解決。』艷於春者，望秋先零；盛於夏者，未冬已萎。你說是否不吉利？」

「而『無心之怨』是說『怨』字沒有下面那個『心』字，那變成是個『夗』字，一筆解決是如果在上面加一筆，那麼便變成『死』字。你且想想秋冬間發生了甚麼事。」

林山聽得直冒冷汗。

後記

這部《玄空紀異錄》是我自一九八五年以來，繼《紫微閒話》、《術數述異》、《清室氣數錄》、《紫微新語》、《天網搜奇錄》、《蕉窗傳燈錄》之後的第七部著作。《玄空紀異錄》以中篇小說形式出之，內容包括四個奇情的風水術數故事，近似《蕉窗傳燈錄》的體裁。

本書書名與過去我所有的著作一樣，同為家兄楊善深所題，希望讀者喜歡。

紫微楊 謹識